Horst Dichanz

Schulen in den USA

Einheit und Vielfalt in einem flexiblen Schulsystem

Juventa Verlag
Weinheim und München 1991

Der Autor
Horst Dichanz, Jg. 1937, Dr. phil., ist seit 1975 Professor an der Fernuniversität Hagen. 1983/84 hatte er eine Gastprofessur an der University of Wisconsin in Milwaukee inne und war seitdem zu zahlreichen Forschungsaufenthalten an verschiedenen amerikanischen Universitäten.

Die Deutsche Bibliothek – CIP-Einheitsaufnahme

Dichanz, Horst:
Schulen in den USA : Einheit und Vielfalt in einem flexiblen Schulsystem / Horst Dichanz. – Weinheim ; München : Juventa Verlag, 1991
ISBN 3-7799-0598-1

Umschlaggestaltung: Atelier Warminski, 6470 Büdingen 8
Umschlagabbildung: Museumsschule in Los Angeles, Foto Dichanz
Printed in Germany

ISBN 3-7799-0598-1

Ich weiß nicht –
unsere Art ist anders als die Eure.

Seattle, Häuptling der Duwamish.
1855 in einer Rede an den 14. Präsidenten
der Vereinigten Staaten von Amerika

Inhalt

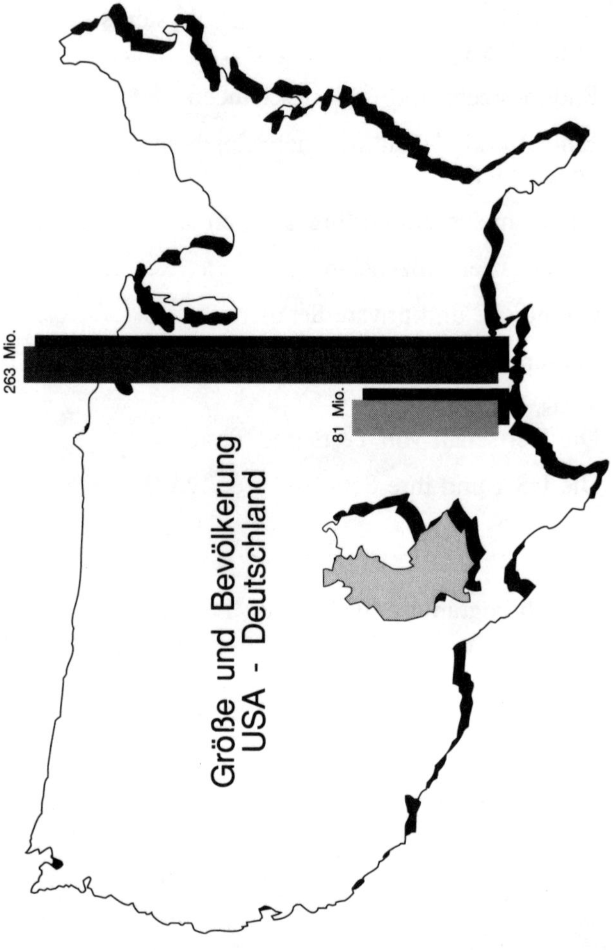

263 Mio.
81 Mio.
Größe und Bevölkerung
USA - Deutschland

Vorwort

Ein Buch über Amerikas Schulen zu schreiben, ist ein gewagtes Unterfangen. Zum einen sind die USA mit ca. 263 Mill. Einwohnern ein sehr großes Land mit entsprechend vielen Schulen. Zum anderen bestimmt die Verfassung der USA, daß es wegen der föderalistischen Struktur des Landes kein einheitliches Schulsystem in unserem Verständnis geben kann. Schließlich bedingt die Mannigfaltigkeit ihrer Einwohner, die in letzter Konsequenz beinahe ein Querschnitt durch die verschiedenen ethnischen Gruppierungen der Weltbevölkerung darstellen, in Verbindung mit geographischen, historischen und ökonomischen Bedingungen eine solche sozialkulturelle Verschiedenheit der Einwohner der USA, daß man auch aus diesen Gründen nicht von einem, gar „dem" Schulsystem der USA sprechen kann. Der Titel des Buches „Schulen in den USA" wurde also mit Bedacht gewählt, weil es nicht möglich ist, in der uns vertrauten Weise vom Schulsystem, vom Schulwesen zu sprechen. Zumindest müßte man von ca. 14.000 Schulsystemen sprechen, der Anzahl der heute existierenden, relativ autonomen Schulbezirke.

Trotz dieser angedeuteten Schwierigkeiten, einen Überblick über Amerikas Schulen zu geben, reizte mich die Aufgabe. Zum einen ist es erstaunlich und schwer verständlich, daß seit den Arbeiten von G. WILLERS (1965), H. F. BODE (1980) und R. Ph. KRENZER (1984) keine Gesamtdarstellungen über Amerikas Schulen vorgelegt wurden. A. BUTTLAR (1983) und J. MÜNCH (1983) behandeln nur Teilaspekte. Andererseits ist der Bedarf an aktueller Information gewachsen. Seit den immer besser gewordenen politischen Kontakten zwischen den USA und der Bundesrepublik (bzw. jetzt: Deutschland), seit dem wachsenden Wohlstand in Deutschland und einer Blickwendung der USA nach Europa und Deutschland hin haben Wirtschaftskontakte, der Tourismus und Schüler-, Lehrer- und Studentenaustauschprogramme ständig zugenommen. Wenngleich es sich hier um eine ruhige, allmähliche Entwicklung handelt, die keine aufregenden Sprünge aufweist, ist das gegenseitige Interesse zwischen Deutschen und Amerikanern langsam gewachsen. Mir scheint es an der Zeit, allen denjenigen, die als Schüler, Lehrer oder Familien einen Besuchsaustausch in die USA planen, Informationen an die Hand zu geben, mit Hilfe derer sie sich ein Bild davon verschaffen können, wie in amerikanischen Schulen gelehrt, gelernt und gelebt wird. Die Idee zu solch einem Buch entstand 1984 während eines einjährigen Aufenthaltes als Gastprofessor an der University of Wisconsin, Milwaukee.

Hierauf folgten jährliche Besuche verschiedener Regionen der USA, ca. 100 Besuche von Schulen, Gespräche mit Schülern, Lehrern, Eltern, Schoolboard-Mitgliedern und Politikern. Gleichzeitig wurden Informationen umfangreicher Art gesammelt und gesichtet, Literatur bearbeitet und Einzelrecherchen angestellt. Dies alles führte zu der Absicht, ein Buch zu schreiben, das sich weniger an (vergleichende) Erziehungswissenschaftler oder Amerikanisten richtet, sondern an ein breiteres Publikum: an solche Personen, die sich in der Vergangenheit schon mit den USA befaßt haben oder beabsichtigen, dies demnächst zu tun, und die aus den verschiedensten Gründen den Wunsch haben, etwas mehr über Amerikas Schulen zu erfahren.

Dabei geht es mir nicht nur darum, wichtige Fakten auszubreiten. Gerade wegen der Größe des Landes und seiner verschiedenartigen Entwicklungen scheint es mir häufig erforderlich, Interpretationshilfen für solche Fakten anzubieten. Sie liegen einmal in der geschichtlichen Entwicklung dieses Landes oder seiner Teile, sie können sich zum anderen aus bestimmten ethnisch-sozialen Konstellationen ergeben, sie können sich aber auch in einem vorsichtigen Vergleich amerikanischer mit europäischen Denktraditionen finden. So erhellend derartige Betrachtungen im Einzelfalle sein können, ihr Umfang ist begrenzt, sie können sich nur auf wenige besonders wichtige Verständnisperspektiven beziehen.

Entsprechend dieser Zielvorstellung habe ich Informationen zusammengetragen, die einen Grundriß der Schulen in den USA zeichnen. Dies ist – trotz aller Vielfalt – durchaus möglich. Gleichzeitig habe ich aber fast immer den Weg gewählt, Grundsachverhalte auch über unterschiedliche Beispiele darzustellen. Dieses Verfahren ermöglicht es, an zahlreichen Einzelproblemen die Vielgestaltigkeit der Lösung schulischer Aufgaben in den USA darzustellen. Es liefert gleichzeitig das Material, anhand dessen generelle Strukturen o. ä. erläutert werden können. Der Untertitel des Buches „Einheit und Vielfalt“ erhält hierdurch seine Berechtigung. Gleichzeitig möchte ich auf diese Weise dem Leser die Möglichkeit geben, sich zumindest an einigen Stellen selbst ein Urteil über auch in den USA kontrovers diskutierte Sachverhalte zu bilden.

Auch wenn ich mich in einigen Abschnitten positiv oder anerkennend über die Struktur und Leistungen amerikanischer Schulen äußere, bin ich weit davon entfernt, in den USA gewählte Lösungen als modellhaft etwa für ein bundesdeutsches Schulsystem zu halten. Dies gilt insbesondere für das in vielen amerikanischen Schulen praktizierte Lernverständnis und eine unverständlich starke Anlehnung an behavioristische Lern- und Lehrvorstellungen. Gleichwohl mache ich kein Hehl daraus, daß mir ein Einheitsschulsystem wie das der High School mehr Möglichkeiten zu bieten scheint, eine an den Bedürfnissen der Schüler orientierte flexible Lernorganisation zu verwirklichen als unser gegliedertes Schulsystem. Aber eine solche (vergleichend-)schultheoretische Betrachtung ist bestenfalls zwischen den Zeilen versteckt, sie wurde an dieser Stelle nicht ausgearbeitet.

Obwohl mir amerikanische Kollegen immer wieder die Frage stellten, ob denn nun deutsche oder amerikanische Schulen besser seien, habe ich diese Frage auch in diesem Text nicht, jedenfalls so nicht beantwortet. Ich hoffe, daß der Text hinreichend klar macht, warum diese Frage so nicht zu beantworten ist.

Als ich meine ersten Erfahrungen und Beobachtungen in amerikanischen Schulen machte, war ich von fast jeder Neuigkeit fasziniert, beeindruckt, gelegentlich auch erschrocken. Beim Sammeln weiterer Informationen fühlte ich mich häufig erschlagen ob der Fülle der verfügbaren Literatur, der greifbaren Daten und der vorliegenden Forschungsergebnisse. Erst ganz allmählich zeigten sich Strukturen, die den Weg durch das wiesen, was man vielleicht das „Schulwesen der USA“ nennen könnte. Die Ordnung der Eindrücke, Beobachtungen, Recherchen und Informationen wäre ohne die enge Kooperation mit amerikanischen Kollegen, besonders mit Ron Podeschi, Werner W. Prange und John Zahorik von der University of Wisconsin, Milwaukee/Green Bay, nicht möglich gewesen.

Stellvertretend für die vielen Mitarbeiter aus den verschiedensten Schulverwaltungen, die mir durch die Zusendung von Informationsmaterialien und die Beantwortung z. T. sehr spezieller Fragen geholfen haben, möchte ich hier dem Coordinator des San Diego School District, Phil George Dank sagen, den ich bei meinem Besuch in Californien 1989 kennenlernte.

In Deutschland konnte ich bei nahezu jeder Frage auf den Spürsinn und die außerordentliche Hilfsbereitschaft der Amerikahäuser, insbesondere der Mitarbeiterinnen und Mitarbeiter der Bibliothek des Amerikahauses in Köln zählen, die mir erfolgreich weiterhalfen, gleichgültig ob es darum ging, ein verkürztes Zitat zu identifizieren, einen alten Gesetzestext auszugraben oder neueste Statistiken zu finden.

Bei der Vorbereitung der Texte haben mir Julie Menzel und Marianne Poggemann wichtige Hilfen geleistet, mit kritischem Kommentar und kundiger Übersetzungshilfe haben Dieter Schwittmann und Klaus-Dieter Eubel die Arbeit begleitet, meine manchmal nicht endenden „Überarbeitungen“ hat Ingrid Hermannsen mit großer Geduld und Sachkenntnis zu einem lesbaren Manuskript geformt. Ihnen allen sage ich herzlichen Dank!

Coesfeld, November 1990 H. Dichanz

1. Entwicklung und Aufbau des Schulsystems in den USA

Die Entstehung erster Schulen

Für die Ureinwohner Nordamerikas, die Indianer hat es Schulen nicht gegeben. Kinder und Jugendliche der vielen Stämme lernten, indem sie von den Erwachsenen an Aufgaben beteiligt wurden, die im täglichen Leben des Stammes erforderlich waren. Das Vor- und Nachmachen, das Lernen an modellhaftem Verhalten sowie bei einigen Stämmen auch mündliche Unterweisung reichten aus, um junge Indianer, angepaßt an die jeweiligen Lebenserfordernisse, lebenstüchtig zu machen.

Für die weißen Siedler aus Europa, die vor allem in der zweiten Hälfte des 17. Jahrhunderts (1620 Landung der Mayflower in Provinceton; 1683 erste deutsche Siedler, Gründung von Germantown, Pennsylvania) von Europa herüberkamen, war die Situation anders. Als sie an der Ostküste des neuen Kontinentes ankamen, den Christoph Columbus 1492 für Westindien gehalten hatte, betraten sie weithin unbesiedeltes Land. So leicht es war, dieses Land in Besitz zu nehmen, so schwierig wurde es, sich auf die Erfordernisse der neuen Lebensumstände einzustellen und das für das tägliche Leben Erforderliche zu erwirtschaften.

Die Situation der frühen Siedler der Ostküste von Nordamerika brachte Lebensbedingungen mit sich, die auch für die Entstehung der ersten Schulen von großer Bedeutung waren:

- Jeden Tag gab es zahlreiche praktische Aufgaben zu lösen, um den Lebensunterhalt für heute und morgen zu sichern, um sich mit Familienmitgliedern und Nachbarn der Siedlergruppe zu einigen und um Projekte zu entwickeln, die für die Siedlungsgemeinschaft von Bedeutung waren. Für weitreichende ideologische Auseinandersetzungen gab es keine Zeit und kein Interesse.
- Zahlreiche Einwanderer aus Europa hatten ihr Heimatland verlassen, um außerhalb der Zugriffsmöglichkeiten eines absolutistischen Herrschers ihr Leben selbst bestimmen zu können. Dies galt besonders für die Religionsausübung. Für zahlreiche Auswanderer waren re-

ligiöse Verfolgung und die Zumutung vieler Landesherren, seine Religion zu übernehmen, der Grund, Europa den Rücken zu kehren. So kann es nicht verwundern, daß die freie Ausübung der Religion zu einem wichtigen Kristallisationspunkt des Gemeinschaftslebens in den einzelnen Siedlergruppen wurde. Oft war die Kirche das geistige Zentrum der Siedlungen. „... es gab verstreute Einwanderungen französischer Hugenotten, spanischer und portugiesischer Juden, schottischer Presbyterianer und Angehörige deutscher Sekten, von denen einige allein kamen, andere mit ihren Familien, wieder andere in größeren Gruppen von Familien, um an einem gemeinsamen Leben unter fremder, aber toleranter Herrschaft teilzuhaben." (CREMIN 1970, 22)*

- Es ist leicht verständlich, daß diese emigrierten Gläubigen keinen Wert darauf legten, sich in ihrer Glaubensausrichtung von irgendeiner staatlichen Autorität leiten zu lassen. Sie achteten deshalb strikt darauf, kirchliche und staatlich-obrigkeitliche Institutionen und Regelungen voneinander zu trennen. Kirche und Staat sollten nichts miteinander zu tun haben.

- Enttäuscht und unterdrückt vom Absolutismus hatten diese Siedler den Wunsch, ihr Leben selbst zu regeln. Ihr Mißtrauen gegen jede Konzentration von Macht war groß. Sie wünschten nicht mehr als eine von ihnen selbst geregelte, ständig kontrollierte Organisation ihres Gemeinwesens, eine demokratische Ordnung.

Bei der Betrachtung der Geschichte amerikanischer Schulen tut man gut daran, sich die Lebenssituation bei der Gründung von Siedlungen möglichst plastisch vorzustellen. Dies hilft dabei, klarere Vorstellungen darüber zu gewinnen, wie die ersten Schulen entstanden sind und welche Aufgaben sie hatten. Es kann natürlich nicht die Rede davon sein, daß diese frühen Siedler den Wunsch hatten, ein „geordnetes Schulssystem" zu entwickeln. Sie hatten in diesem fremden Land, mit dessen Ureinwohnern sie sich nur schwer oder gar nicht verständigen konnten, wahrhaftig andere Sorgen. So berichtet Cpt. John SMITH in einem

---

* alle Übersetzungen vom Verfasser

frühen Dokument über die Besiedlung Virginias, worum sich die Siedler dort kümmern mußten. Sie waren gezwungen, „. . . das Land zu entdecken, die Ureinwohner zu unterwerfen, sie fügsam, gesittet und fleißig zu machen und ihnen handwerkliche Fähigkeiten beizubringen.“ (SMITH n. CREMIN 1970, 10)

Der Einsatz für die Erfordernisse des täglichen Lebens war beträchtlich. So kann es nicht verwundern, daß die Zeit, die man für die Betreuung und Erziehung der Kinder hatte, begrenzt war. Sehr früh sah man sich deshalb in den einzelnen Siedlergemeinschaften nach einer vertrauensvollen Person um, der man für die Zeit der Feldarbeit, der Viehversorgung, für Jagdzeiten usw. die Kinder anvertrauen konnte. Oft fand man hierfür eine weibliche Person, die in der Gemeinschaft lebte. Ihr vertraute man die Kinder an, die meist auch in ihrem Haus, ihrer Wohnung beaufsichtigt wurden, sie erhielt privat zu zahlendes „Schulgeld“.

Ausgebildete Erzieher/Erzieherinnen und Lehrer/Lehrerinnen gab es, ähnlich wie auch in Europa, zu dieser Zeit nicht. Die Frauen, die sich der Kinderverwahrung für andere widmeten, waren im günstigsten Falle erfahrene Mütter, oft aber auch alleinstehende Frauen. Sie verdienten mit ihrer Tätigkeit ihr tägliches Brot, entwickelten aber auch im einen oder anderen Falle Eigeninitiative, indem sie die ihnen anvertrauten Kinder vor allem mit der kirchlichen Lehre vertraut machten. Im Laufe der Zeit entdeckten sie dabei, daß sie die kirchlichen Bücher auch dazu benutzen konnten, den Kindern zumindest Singen, Lesen und Schreiben beizubringen. Dies waren dann auch die Hauptunterrichtsgegenstände, die gelehrt wurden.

Ganz allmählich entwickelten sich aus dieser Art von Kinderverwahrungen die ersten „dame schools“, „petty (kleine) schools“ oder „readings schools“, die den Charakter gemeindeeigener „Privatschulen“ hatten, in denen eine vertrauenswürdige Person, meist eine Frau, mit der Erziehung und grundlegenden Kenntnisvermittlung von Kindern betraut wurde. Natürlich gab es in dieser Situation noch keine formellen Erziehungsaufträge, die „Lehrerinnen“ lehrten das, was sie an Orientierungen aus der Gemeinschaft aufnahmen:

- Grundlagen der Religionsausübung, Religionslehre, Lieder und Gebete.
- Kinderpflichten in dieser Gemeinschaft, z.B. Hilfe im Haushalt, Hüten von Vieh usw..
- Fundamentalkenntnisse in Lesen und Schreiben, vornehmlich bezogen auf religiöse Bücher.

Man schätzt, daß etwa die Hälfte der Kinder lesen lernten.

Aus der speziellen Lebenssituation der Siedlungsgemeinschaften ergaben sich noch zwei weitere wichtige Aufgaben, die sich bis heute im Aufgabenkatalog amerikanischer Schulen wiederfinden lassen. Geradezu lebenswichtig wurde für alle Siedlergruppen, daß sich alle zu ihr gehörenden Einwanderer am Ausbau, an der Ausgestaltung und Festigung der Siedlungsgemeinschaft nach innen und außen beteiligten. In diesem Sinne wurde eine „Gemeinschaftserziehung", die Bereitschaft, Verantwortung für die neue Siedlung mitzuübernehmen, für alle zu einer ganz wichtigen Aufgabe. Eine schulähnliche Institution, deren Aufgabe die Betreuung und das Heranziehen der Kinder war, mußte sich dieser Aufgabe zuwenden. So wurde neben der Kirche die Schule in der Gemeinde eine wichtige Institution für die Heranbildung von Gemeinschaftsbewußtsein in den Siedlergruppen.

TYACK bezeichnet diese enge Verzahnung von Gemeinde und Schule als „The School as a Community and the Community as a School", und beschreibt, daß „. . . die ländliche Schule in mehr als einem nur rechtlichen Sinne zur Gemeinde gehörte: sie war häufig das Zentrum des Lebens der Siedler außerhalb ihres eigenen Heims." (TYACK, 1975, 15)

Allerdings sollte die Verantwortung für Gemeinschaft dem freien Willen des Einzelnen erwachsen. Denn getreu den Glaubensgrundsätzen reformierter Christen, insbesondere den Calvinisten u. ä., war jeder für sein irdisches und religiöses Heil selbst verantwortlich. Diese persönliche Verantwortlichkeit ist ein wesentlicher Grund dafür, daß schon in der frühen amerikanischen Erziehung das Hauptaugenmerk auf eine zuverlässige Individualerziehung gerichtet war. Daher rührt die Überzeugung, „. . . daß es eine der Hauptaufgaben der Erziehung ist, die Bürger mit hinreichendem Wissen auszustatten, um sie in ihrem Bemühen zu unterstützen, die individuellen Freiheiten zu verteidigen, deren Erhalt sich unsere Regierung verschrieben hat.“ (HILLWAY 1964, 4)

Andererseits war klar, daß man sich auch auf diesem neuen Kontinent als Deutscher, Ire, Franzose, Holländer, Engländer, Schwede usw. fühlte und sich u. a. hierdurch von einer Nachbarsiedlung unterschied. Die Pflege der eigenen Herkunft – dies läßt sich bis heute in den USA verfolgen – war ein wichtiges Merkmal der Siedlergruppen, die als Einwanderer nach Nordamerika kamen. Auch hier kann es nicht verwundern, daß die Aufgabe, das heimatliche Brauchtum und Selbstbewußtsein zu pflegen, vor allem der Institution zufiel, die sich mit der Erziehung der Kinder und Jugendlichen zu befassen hatte. Die „Schule“ mußte sich also auch um die Pflege des kulturellen Bewußtseins und der sprachlichen Identität kümmern. Die starke Bindung an die Traditionen des jeweiligen Mutterlandes dokumentiert sich in vielen Einzelheiten. So wurde 1770 in Germantown/Pennsylvania ein Schulbuch gedruckt, das als erste pädagogische Schrift in den USA gilt. Eine Auswahl englischsprachiger Fabeln, Gedichte und Gebete und deren Interpretation war von dem „wohlerfahrenen und lang geübten Schulmeister Christoph DOCK“ zusammengestellt und von dem Drucker Christoph SAUR in deutscher Sprache eingeleitet worden.

Die ersten schulmäßigen Einrichtungen in den Siedlungen Nordamerikas standen daher vor einer doppelten, zum Teil widersprüchlichen Aufgabe: einerseits mußten sie sich darum bemühen, Kinder und Jugendliche für das Leben in dieser neuen Siedlungsgemeinschaft tüchtig und verantwortungsbewußt zu machen, sie also darauf vorbereiten, „Amerikaner“ zu werden. Andererseits war es ihre Aufgabe, das nationale Erbe zu pflegen und sich um eine Ausbildung nationaler Identität zu bemühen, um so die kulturellen Hintergründe und die Verbindungen zum Mutterland zu festigen. Auch hier ist es erstaunlich, wie sich diese Doppelaufgabe bis heute als Strukturmerkmal amerikanischer Schulen erhalten hat.

Den Siedlungsgemeinschaften, die sich vor allem im damaligen Neuengland, dem Nordostteil der heutigen Vereinigten Staaten befanden, gelang es im Laufe des nächsten Jahrhunderts, sich wirtschaftlich und politisch zu festigen, die Ureinwohner dieser Regionen, die Indianer, zurückzudrängen und erste politische Strukturen zu entwickeln. Für diese Strukturen waren, wie oben schon erwähnt, zwei Prinzipien grundlegend: ein starkes Mißtrauen und daher eine ständige Kontrolle staatlich organisierter Macht, ferner die strikte Trennung von Staat und Kirche. Dies ist bereits aus den ersten formalen Regelungen zu entnehmen, mit denen die Entwicklung eines amerikanischen Schulwesens beginnt.

Unter den Neu-England-Kolonien, noch vor dem Zusammenschluß der ersten 13 Neu-England-Staaten 1776, waren auf dem Schulsektor vor allem Massachusetts und Virginia aktiv. In der amerikanischen Literatur wird immer wieder die 1635 gegründete Boston Latin School als erste Sekundarschule beschrieben. Als frühestes Schulgesetz wird „The Olde Deluder Law of 1642" genannt, das in der Massachusetts Bay Colony jede Stadt verpflichtete, für ihre Kinder eine schulische Grundversorgung sicherzustellen.

„Deshalb wird hiermit angeordnet, daß jede Siedlung, die unter diese Gerichtsbarkeit fällt, sobald Gott die Anzahl ihrer Haushalte auf 50 hat ansteigen lassen, sofort aus ihrer Mitte eine Person benennt, die alle Kinder, die zu ihr kommen, schreiben und lesen lehren soll. Ihr Lohn soll entweder durch die Eltern oder den Vormund dieser Kinder oder von den Siedlern insgesamt durch die Übergabe von Naturalien in einer Höhe bezahlt werden, die vom Ältesten der Siedlung bestimmt wird.

Diejenigen, die ihre Kinder zum Unterricht schicken, sollen aber nicht mehr belastet werden als solche Personen, die Kinder in anderen Siedlungen zum Unterricht schicken.

Weiterhin wird angeordnet, daß eine Siedlung, die die Zahl von 100 Familien oder Haushalten erreicht, eine Schule einrichten muß. Sie soll Heranwachsende so weit führen, daß sie für die Universität vorbereitet sind. Falls eine Siedlung dieser Anordnung für mehr als ein Jahr nicht nachkommt, soll sie solange 5 £ pro Steuerperiode zahlen, bis sie die Anordnung erfüllt hat."

Obwohl etwa eine Dekade früher, 1636, für die Gründung des Harvard College ein geringer Gründungsbeitrag durch die Kolonial-Verwaltung bereitgestellt wurde, sah das neue „Schulpflicht-Gesetz“ keine öffentliche Förderung der Schulen vor. Die Entwicklung schulisch organisierten Unterrichts vollzog sich langsam, zu formelleren Lösungen kam es erst im Verlauf des 18. Jahrhunderts. Es ist wohl verständlich, daß diese frühe Form des religiös geprägten Unterrichts bald ergänzt wurde um praktische Unterrichtsinhalte wie Rechnen, Schreiben und andere berufsorientierte Fertigkeiten. Schon früh in der Geschichte Amerikas kam den Schulen die wichtige Aufgabe zu „of protecting our free society from the catastrophe of ignorance.“ (HILLWAY 1964, 6) („... unsere freie Gesellschaft vor der Katastrophe der Ignoranz zu schützen.“)

Neben den bisher beschriebenen allgemeinen Schulen, meist Grundschulen unterschiedlicher Schuldauer, existierten weiter Lateinschulen für Knaben, die auf den Collegebesuch vorbereitet werden sollten, und kirchliche Colleges (wie z.B. Harvard), die der Ausbildung des Priesternachwuchses dienten. Sofern diese verschiedenen Schulformen nicht als Stiftung arbeiteten, waren sie Privatschulen, die ohne Schulgeld nicht existieren konnten.

Unterschiede in der Schulversorgung finden sich auch in den verschiedenen Regionen Amerikas. Während die Städte der Neu-England-Staaten relativ früh wenigstens „one room“ Schulen einrichteten, blieb die Erziehung der weißen Kinder in den Südstaaten meist Sache von Privatlehrern, die auf die großen Farmen kamen, um dort die Kinder zu Hause zu unterrichten.

Eng verzahnt mit aufklärerischen Bestrebungen in den stadtnahen Gebieten der Neu-England-Staaten entwickelte sich dort in den Kolonien des 18. Jahrhunderts ein Bewußtsein für die Bedeutung einer guten Schulausbildung. Bereits in den frühen Jahren einer staatsähnlichen Gliederung des Siedlungsgebietes von Virginia sichert ein Dekret die Stiftung einer Fläche von 10 000 acres (ca. 25.000 ha) für ein College, dessen Aufgabe es sein sollte, Kinder „in religion, moral virtue and civility and for other godly uses „zu erziehen. (CREMIN 1961, 11) („im Glauben, in moralischer

Tugend und Höflichkeit und anderen frommen Eigenschaften.“) Doch auch private Spenden trugen dazu bei, die Arbeit der Schulen und Colleges zu sichern. Diese Tradition hat sich bis heute gehalten. Es war Benjamin FRANKLIN (1706 – 1790), der die Bedeutung öffentlicher Schulen für die Kolonie „Pensilvania“ 1749 in den „Proposals Relating to the Education of Youth in Pensilvania“ in Worte faßte und damit der Idee einer allgemeinen Schulbildung für die späteren USA einen wichtigen Anstoß gab.

> *„Eine gute Erziehung der Jugend ist von weisen Männern immer als die sicherste Grundlage für ein glückliches und erfolgreiches Leben sowohl im privaten als auch im gesellschaftlichen Bereich betrachtet worden. Deshalb haben es sich alle gesetzgebenden Körperschaften zu einer besonderen Aufgabe gemacht, mit geeigneten Mitteln derartige Lerninstitutionen einzurichten und zu unterhalten, damit die kommende Generation befähigt wird, der Öffentlichkeit zu dienen, ehrenvoll für sich selbst und ihr Land. Es wird deshalb vorgeschlagen, daß einige Personen, die die Zeit und das nötige Verantwortungsbewußtsein haben, eine Satzung erarbeiten, durch die sie ermächtigt werden, eine Akademie zur Erziehung der Jugend einzurichten, sich selbst zu verwalten, Lehrer einzustellen, Verfahren festzulegen, Spenden entgegenzunehmen, Grund und Boden zu kaufen und ihre Zahl von Zeit zu Zeit durch Personen zu ergänzen, die ihnen geeignet erscheinen.“ (CREMIN 1961, 22)*

In der Philadelphia Academia wurden 1751 viele seiner Vorschläge Wirklichkeit. Sie bildeten den Grundstein für die spätere Universität von Pennsylvania und gaben Anstöße zur Errichtung weiterer Schulen und Colleges. Bis Anfang des 19. Jahrhunderts arbeiteten die meisten dieser Einrichtungen auf der Basis von Schulgeld; erst 1821 wurden in Teilen Neu-Englands aus ihnen öffentliche Schulen, die aus Steuergeldern bezahlt wurden.

Die Ausgestaltung des Schulwesens

Einer der großen Historiker der amerikanischen Bildungsgeschichte Ellwood P. CUBBERLEY hat die weitere Entwicklung der amerikanischen Schulen als die „seven battles“ beschrieben. Es genügt hier, die einzelnen „Gefechte“ zu benennen, ohne sie im Einzelnen zu beschreiben. Ihre Namen sprechen für sich:

- „the battle for tax support,
- the battle to eliminate the pauper-school idea,
- the battle to make the schools entirely free,
- the battle to establish state supervision,
- the battle to eliminate sectarianism,
- the battle to extend the system upward,
- the addition of the state university to crown the system“. (CUBBERLEY, zitiert nach HILLWAY, 15)

Die Beschreibung dieser sieben Phasen der amerikanischen Schulentwicklung weist u. a. darauf hin, daß es lange Zeit mit einer staatlichen Unterstützung nicht weit her war. Das mag überraschen, weil auch frühe Dokumente aus dieser Zeit belegen, mit welcher Hochschätzung die Siedler eine gute Erziehung betrachteten. Aber darin liegt kein Widerspruch: Sowohl die starke religiöse Grundlegung der Erziehungsaufgaben als auch die Erfahrungen mit absolutistischen Herrschern in Europa begründeten den starken Wunsch, ihr Leben ganz und gar in die eigenen Hände zu nehmen. Dazu gehörte auch die Erziehung und Ausbildung der Jugend.

Es dauert bis 1779, bis ein erster größerer Plan für ein schulgeldfreies, öffentliches Schulwesen für alle Kinder vorgelegt wurde. Thomas JEFFERSON, der spätere Vater der amerikanischen Verfassung und 3. Präsident legte als Mitglied des Parlaments von Virginia einen solchen Plan vor:

> *„... wenn es darum geht, das öffentliche Wohl zu fördern, sollten solche Personen, die die Natur mit Klugheit und Tugend ausgerüstet hat, durch eine gute Allgemeinbildung in die Lage versetzt werden, die den Bürgern übergebenen Rechte und Freiheiten zu erhalten und zu bewahren. Hierzu*

soll jeder ohne Rücksicht auf Reichtum, Geburt oder andere äußere Bedingungen oder Umstände berufen werden können . . ." (JEFFERSON in: HILLWAY, a.a.O., 27)

Aber seine Ideen waren der Zeit zu weit voraus, der Plan wurde abgelehnt und in Virginia nie wieder diskutiert.

Der Durchbruch zu einem öffentlichen Schulwesen gelang erst um 1830 in Massachusetts., wo James G. CARTER eine Bewegung zur Errichtung freier öffentlicher Schulen ins Leben rief und auf seine Initiative hin 1837 das erste School Board (Schulausschuß) gegründet wurde.

Massachusetts ist auch der Staat, in dem später der wohl wichtigste amerikanische Pädagoge des 19. Jahrhunderts seine Ideen entwickelte: Horace MANN (1796 – 1859). Seine Forderungen nach „. . . höhere(n) Schulsteuern, Unterricht auf nichtkonfessioneller Grundlage, besser ausgebildete(n) Lehrer(n), angemessenere(n) Schulgebäude(n), längere(n) Unterrichtsperioden und mehr Sekundarschulen . . ." (HILLWAY a.a.O., 16) waren z. T. revolutionär.

MANNs Akivitäten ist es zu verdanken, daß um die Mitte des 19. Jahrhunderts Fragen der Errichtung eines öffentlichen Schulwesens Publizität erlangten und dazu führten, daß bis zu den Südstaaten hinunter immer mehr öffentlich getragene Schulen, meist in Form der „common schools" eingerichtet wurden. Neben Massachusetts waren die Bundesstaaten Virginia, Pennsylvania und Connecticut besonders aktiv.

Um diese Zeit waren die entscheidenden Hürden zur Einrichtung eines öffentlichen Schulwesens beseitigt, so daß KNELLER feststellen kann: „Aus Dekaden heftiger Auseinandersetzungen entstand eine zutiefst demokratische Institution – das unentgeldlich öffentlich geförderte und kontrollierte, nichtkonfessionelle allgemeine Schulsystem." (KNELLER 1971, 17)

Die Idee einiger weitblickender Amerikaner dieser Zeit, eine nationale Universität zu entwickeln, ist bis heute Entwurf geblieben. Selbst so einflußreiche Politiker wie der 1. Präsident der USA G. WASHINGTON (1789 – 1797) waren nicht in der Lage, für ihre Idee die notwendige politische Unterstützung zu finden. Nach den Elementary

Schools, High Schools und Colleges blieben auch die Universitäten einzelstaatliche oder private Einrichtungen. Als erste Staatsuniversität wurde 1785 die University of Georgia gegründet. Die berühmten Colleges (Harvard 1636, William and Mary 1693, Yale 1701) entstanden alle als konfessionelle Colleges, die später durch öffentliche Gelder unterstützt und in ihrem Status staatlichen Universitäten angeglichen wurden. In einer frühen Auseinandersetzung zwischen dem konfessionellen Dartmouth College (New Hampshire) und der Regierung von New Hampshire begrenzte der Oberste Gerichtshof 1819 die staatlichen Eingriffsmöglichkeiten und betonte:

„Nach seiner Gründungsurkunde war das Dartmouth College eine Anstalt privaten und nicht des öffentlichen Rechts. Daß eine Körperschaft für Zwecke des Allgemeinwohls oder generell für Erziehungsaufgaben gegründet wird, macht aus ihr nicht per se eine öffentliche Einrichtung, die der Kontrolle der gesetzgebenden Gewalt unterworfen ist." (The Dartmouth College Decision, Sel. 7)

Das Gericht „... verkündet gesetzliche Begründungen, die die politische Kontrolle privater Colleges verbieten. Durch diese Entscheidung wurden private und religiöse Gruppen ermutigt, neue Schulen und Colleges zu errichten, die frei von politischen Einflüssen waren, während die Einzelstaaten genötigt wurden, ihre staatlichen Universitäten als völlig neue Einrichtungenzu schaffen." (HILLWAY, 18)

Dieses unter dem Namen „The Dartmouth College Decision" (1819) bekannt gewordene Urteil hat eine doppelte Bedeutung in der Entwicklung der amerikanischen Schulen:

- Es gibt den privaten (oft von religiösen Gruppen getragenen) Bildungseinrichtungen eine relativ starke, unabhängige Stellung.
- Es eröffnet eine Tradition, in der entscheidende Fragen der Schulentwicklung und Schulpolitik durch Inanspruchnahme von Gerichten entschieden werden. Diese Praxis ersetzt in vielen Fällen bis heute die Existenz umfangreicher Schulgesetze, die z.B. auch in einigen einzelstaatlichen Verfassungen fehlen.

Vergewissert man sich der Ausgangslage der Schulgründungen in den ersten amerikanischen Einzelstaaten, wird der Unterschied zu den zeitgleichen Schulgründungen in Westeuropa unmittelbar augenfällig. Während in vielen amerikanischen Einzelstaaten Schulgründungen Sache der Gemeinde oder der Provinz waren und übergeordnete staatliche Eingriffsmöglichkeiten lange Zeit nicht zugelassen wurden, waren die Schulen in Europa viel stärker staatsorientiert und -abhängig. „Die Schulen sind – ähnlich wie das Militär – Stätten der Disziplinierung, der Erziehung zu Fleiß und Arbeitsamkeit, und schließlich der Ort des Lesenlernens, das den Untertanen befähigt, die Anweisungen der fürstlichen Verwaltung selbst zu entschlüsseln." (LESCHINSKY/ROEDER, 1976, 428) Diese Orientierung der Schulen auf die Interessen des Fürsten bzw. die Ziele des Staates hat es in den USA nicht gegeben. Die Siedlungsgruppen waren streng darauf bedacht, ihre Autonomie zu erhalten und die Unabhängigkeit von der Institution Kirche deutlich zu machen.

„Ziel der Erziehung des demokratischen Menschen war es, einen tiefen Respekt vor dem Inhalt und dem Geist der amerikanischen Unabhängigkeitserklärung zu vermitteln, indem man auf sanfte Weise an die Vernunft des einzelnen appellierte. Das war etwas ganz anderes als jene Art von Treue, die die traditionellen Gemeinwesen forderten, in denen Mythos und Hingabe ebenso wie strenge Disziplin, Autorität und die Großfamilie einen instinktiven, bedingungslosen, ja fanatischen Patriotismus hervorbrachten". (BLOOM 1988, 29)

Beide Charakteristika lassen sich in den Schulsystemen der USA und der Bundesrepublik Deutschland heute noch wiederfinden: In den USA die starke Bindung an die Gemeinde als tragender gesellschaftlicher Institution und die Zurückweisung kirchlichen Einflusses in öffentlichen Schulen, in Deutschland der staatliche Zentralismus in den Ländern mit seiner Orientierung auf den Staat hin und die teilweise Verflechtung von Staat und Kirche. Zwar ist nicht zu übersehen, daß in den frühen nordamerikanischen Kolonien die englische Krone, englische Tradition und Kultur überwogen, doch führten die Weite des Landes, die räumliche und wachsende politische Distanz zu England und die

Vorstellungen der verschiedensten Siedlergruppen zu einer großen Vielfalt unterschiedlichster Formen in der Gestaltung des Gemeinschaftslebens der einzelnen Kolonien. Das läßt sich auch für den Schulsektor sagen, von dem CREMIN für das Ende des 17. Jahrhunderts feststellt:

„Es ergab sich ein Besiedelungskonzept, in dem jede Siedlung zu einer Gemeinschaft mit wechselnden Formen formeller und informeller Erziehung wurde, die ihren eigenen Weg bei der Gestaltung der Zukunft suchte." (CREMIN 1970, 21)

„Deshalb wurde Vielfalt und mit ihr die Begleitphänomene des kulturellen Wettstreits, der kulturellen Anpassung und der Vermischung zu einer Grundtatsache des amerikanischen Lebens." (CREMIN a.a.O., 22)

Dieser Optimismus, diese Zuversicht in die Einflußmöglichkeiten der formalen Erziehung in den Schulen hat sich bis heute erhalten. Er ist ein wesentliches Merkmal der Beziehung zwischen der amerikanischen Gesellschaft und ihren Schulen.

Der Weg von den einzelnen Kolonialstaaten zu den Vereinigten Staaten von Amerika war lang. Er führte, ausgehend von der Rivalität der europäischen Großmächte Frankreich und England, über den Unabhängigkeitskrieg und die Ablehnung der europäischen Kolonialpolitik zu einem wachsenden Selbstbewußtsein der emigrierten bürgerlichen Kolonialeuropäer und fand in der Staatengründung von 1789 in der Bundesverfassung seinen ersten Höhepunkt. Etwa um 1750 begann die neue, vielfältig zusammengewürfelte Bevölkerung des neuen Kontinents darüber nachzudenken, was es bedeute, „Amerikaner" zu sein. Was kennzeichnete ihn und seine Kultur bzw. was sollte ihn kennzeichnen, wenn er nicht länger „Engländer", aber auch etwas anderes als „Bostonian", „Virginian", „Pennsylvanian" sein sollte. BESAG/NELSON beschreiben die frühen Amerikaner so:

„Amerikaner waren Materialisten. Sie hofften auf Reichtum und Besitz und arbeiteten dafür. Sie opferten das Heute für das Morgen. . . . Verglichen mit den Engländern ihrer Zeit waren sie Verfechter der Gleichheit Aller, d. h. auch, sie waren Demokraten." (BESAG/NELSON, 1984)

Während sich allmählich eine eigene amerikanische Kultur und politische Eigenständigkeit entwickelten, blieb die Entwicklung von Schulen mit eigenem Profil dahinter zurück. Viele junge Männer wurden zu Ausbildungszwecken zurück nach England geschickt. Allerdings hatten sich die drei Colleges aus dem Jahre 1637 auf 182 im Jahre 1860 vermehrt. Weibliche Studierende mußten auf ihr erstes College bis 1790 warten, als in New Haven (Connecticut) eine Akademie für sie gegründet wurde. Im großen und ganzen kamen aber nur wenige Mädchen über die elementary education hinaus.

„Der Unterricht für Jungen zielte darauf, aus ihnen gute Bürger zu machen, die erfolgreich arbeiteten; vom Unterricht für Mädchen erhoffte man sich, daß er sie darauf vorbereitete, Gehilfinnen der Männer und Mütter von Söhnen zu werden, die staatsbürgerlich gesonnen und erfolgreich sein würden." (BESAG/NELSON 1984, 49)

Nachdem sich um 1800 die wirtschaftliche Basis der neuen Vereinigten Staaten gefestigt hatte und, in Verbindung damit, der Einfluß der Kirchen zurückgegangen war, wurde auch über die Aufgaben der Schulen und der Lehrer, – seltener jetzt der Lehrerinnen – nachgedacht. Vom Lehrer erwartete man

„... daß er in den allgemeinen Fächern, den 3 Grundfertigkeiten des Lesens, Schreibens und Rechnens (Reading, wRiting, aRithmetics, H.D.) in Rechtschreibung, Geographie (...) und Geschichte sachkundig war und dieses Wissen vermitteln konnte. Das klassische Wissen des Gentleman wurde aufgegeben und Demut empfohlen." (BESAG/NELSON 1984, 50)

Unter Führung von Horace MANN aus Massachusetts, kam es zu einem Common School Revival, die als eine erste weiterreichende, von pädagogischen Ideen getragene Reform der Schulen verstanden werden kann und die dazu beitrug, daß die Idee öffentlich finanzierter und kontrollierter Schulen immer mehr Anhänger fand. Schließlich erließ der Staat Massachusetts 1853 das erste Schulpflichtgesetz, mit dem allerdings nur der Schulbesuch solcher Kinder verpflichtend geregelt wurde, die bereits in Fabriken arbeiteten. Doch führte diese Initialzündung dazu, daß zur Zeit des H. MANN außer im Süden jeder

Einzelstaat öffentliche, durch Steuern finanzierte Schulen unterhielt.

Die Idee von öffentlich geförderten und kontrollierten Schulen war bereits von Benjamin FRANKLIN und Thomas JEFFERSON vertreten und politisch diskutiert worden. Horace MANNs Verdienst ist es, noch einen Schritt weiter gegangen zu sein. Er betrachtete die Erziehung als ein naturgegebenes Recht jedes Einzelnen, das der Staat zu respektieren und sicherzustellen hatte. Er gab der schulischen Erziehung den Status eines Grundrechtes des Individuums und erweiterte so bisherige Begründungen der Schulpflicht um eine ganz wesentliche Komponente. Die ökonomisch, religiös und politisch-demokratisch legitimierte Schulpflicht ergänzte MANN durch den Schulanspruch, das Recht auf Erziehung:

„Nochmals: die Zweckmäßigkeit des freien Schulbesuchs wird manchmal auch durch wirtschaftspolitische Argumente begründet. Ein gebildetes Volk ist immer ein fleißigeres und produktiveres. Wissen und Wohlstand verhalten sich zueinander wie Ursache und Wirkung. Intelligenz ist ein wesentlicher Bestandteil des Wohlstandes einer Nation. Wo dies nicht an der Spitze der Agenda steht, wird es nur wenig Merkmale für die Wertschätzung einer Nation geben, und unter dem Strich bleibt wenig Bedeutendes.

Ich glaube an die Existens eines großen, unsterblichen, unveränderbaren Naturgesetzes, oder eines einer natürlichen Ethik folgenden Prinzips, eines Prinzips, das vor allen menschlichen Einrichtungen existiert und das sich jeglichem menschlichen Einfluß entzieht, – eines Prinzips göttlichen Ursprungs, ablesbar aus den Wegen der Vorsehung, so wie sich diese in der Ordnung der Natur und der Geschichte der Menschheit widerspiegeln, eines Prinzips, welches das absolute Recht auf Erziehung eines jeden Menschen, der geboren wird, begründet, und das selbstverständlich auch die sich daraus ergebende Pflicht einer jeden Regierung auferlegt, dafür Sorge zu tragen, daß die Möglichkeiten für diese Erziehung für alle zur Verfügung stehen.

... für unsere republikanische Regierung ist klar, daß das Minimum einer solchen Erziehung niemals weniger sein kann als es bedarf, um jeden Bürger zur Erfüllung seiner

bürgerlichen und sozialen Pflichten zu befähigen – eine Erziehung, welche die Grundregeln körperlicher Gesundheit lehrt, die zur Erfüllung von Pflichten befähigt, die unverzichtbar sind, um die bürgerlichen Pflichten als Zeuge oder Geschworener erfüllen zu können, die notwendig ist, um in kommunalen und nationalen Angelegenheiten sein Wahlrecht ausüben zu können, und schließlich eine Erziehung, wie sie erforderlich ist für die gewissenhafte und sorgfältige Erfüllung all derjenigen Pflichten, die den Miterben der Souveränität dieser großartigen Republik zufallen." (MANN, 40 – 41)

Um die gleiche Zeit begann die Zentralisierung und Bürokratisierung der Schulen in den großen Städten wie z. B. in New York, wo die New York Free School Society, ein freiwilliger Zusammenschluß wohlhabender (weißer) Bürger, eine wichtige Rolle spielte. Hierbei ließ man sich häufig durch das bewunderte preußische Schulwesen inspirieren.

Wenngleich in vielen Einzelstaaten die Gleichheit (equality) aller Bürger konstitutionell verankert war, gab es kaum Indianer oder Schwarze in den Schulen. Noch lange Zeit machte sich in den Südstaaten derjenige strafbar, der Schwarzen das Lesen beibrachte.

Auch andere Schülergruppen waren benachteiligt. Kritische amerikanische Autoren stellen heute fest, daß zu jener Zeit „die Schule für Lernbehinderte glich in erschreckender Weise derjenigen, die imperialistische Regierungen einrichteten, um ihre Untertanen in den Kolonien unter Kontrolle zu halten." (BESAG/NELSON 1984, 52)

Dic theoretischen Vorbereitungen der Common School Revival durch Horace MANN und seine „friends of education" waren getragen vom aufklärerischem Selbstbewußtsein und einem bildungspolitischen Optimismus, der oft in seinen Erwartungen über das Ziel hinausschoß. Die optimistische Einschätzung der Wirkungsmöglichkeiten von Schulen hat sich bis heute in der amerikanischen Gesellschaft gehalten (s. u. SEABROOK 1986; BENNETT 1988). Sie kann nicht darüber hinwegtäuschen, daß „Erwartungen der Öffentlichkeit enttäuscht werden mußten, und daß den öffentlichen Schulen Aufgaben aufgebürdet wurden, für die sie nicht eingerichtet waren oder ihnen angemessene Mittel fehlten." (BESAG/NELSON 1984, 51)

Der von MANN begründete und zumindest in Massachusetts verwirklichte Verfassungsanspruch auf eine öffentlich gesicherte Schulbildung wurde in der Folgezeit von zahlreichen Einzelstaaten übernommen und verfassungsmäßig abgesichert. Damit wurde eine Lücke geschlossen, die zumindest aus europäischer Sicht überraschend ist:

Die amerikanische Unabhängigkeitserklärung von 1776 enthält keine Aussagen zur Erziehung und zum öffentlichen Schulwesen. Lediglich die Feststellung „that all men are created equal", und daß ihnen die unveräußerlichen Rechte auf Leben, Freiheit „and the pursuit of happiness" gesichert sind, gaben Anhaltspunkte für eine verfassungsmäßige Verankerung des Rechts auf Bildung.

Der erste US-Commissioner of Education auf Bundesebene wurde 1867 ernannt, sein Amt, das Federal Office of Education, war aber lange Zeit nichts mehr als ein Informationsbüro für Schulfragen. In diesem Zusammenhang ist es erwähnenswert, daß es bis zum Jahr 1979 dauerte, ehe dem Erziehungsminister (Secretary of Education) in der Bundesregierung durch Präsident CARTER Kabinettsrang zuerkannt wurde.

In den Einzelstaaten waren es oft Entscheidungen der Obersten Gerichte, die zur Sicherung und Ausgestaltung der schulischen Ausbildung maßgeblich beitrugen. Wir können hier nur auf ganz wenige dieser Entscheidungen kurz eingehen.

- 1862 verabschiedete der Kongreß den „Morrill-Act", auch bekannt als land-grant-Act, das sicherstellte, daß für die Gründung von Colleges Grundstücke aus öffentlichem Besitz zur Verfügung gestellt wurden. Die Colleges und Universitäten, die infolge dieses Gesetzes gegründet wurden, werden noch heute die „Land-grant-institutions" genannt (z.B die staatlichen Universitäten von Indiana, Illinois, Michigan und Wisconsin).
- Im Staat Michigan erging 1872 die berühmt gewordene „Calamazoo Case Decision", wonach High Schools anerkannte öffentliche Institutionen seien, die unter öf-

fentlicher Kontrolle arbeiten und durch öffentliche Steuern finanziert werden durften. Damit wurde der Weg bereitet, daß sich die amerikanische High School zu einer Einheitsschule für Kinder aller Schichten und Rassen entwickelte, die heute ca. 80 % jeden Schülerjahrgangs durchlaufen.

- Im Anschluß an die Bürgerrechtsbewegung erging 1954 vom Obersten Gerichtshof der Vereinigten Staaten die „Nonsegregation Decision“, durch die endlich rassisch getrennte Schulen verboten wurden. Wenngleich dieses Urteil einen wichtigen Markstein bei der Schaffung gleicher Schulchancen für Minoritäten-Kinder darstellt, wurde das Integrationsproblem vor allem für Farbige damit keineswegs gelöst.
- In der langen Geschichte der Rassentrennung dauerte es bis 1954, ehe die Tradition des *Plessy*-Urteils von 1896, das die Position der Südstaaten mit ihrer Rassentrennung verteidigte, durch ein neues Urteil des Obersten Gerichtshofes in Sachen Rassendiskriminierung revidiert wurde. In dem berühmten BROWN-Urteil stellte der Oberste Gerichtshof fest, daß jede Rassendiskriminierung mit der Verfassung der USA unvereinbar sei. RAVITCH bezeichnet dieses Urteil als „a historic affirmation of the egalitarian ideals of American society.“ (RAVITCH, 1983, 127) („eine Bestätigung des Gleichheitsideals der amerikanischen Gesellschaft von historischem Rang“).
- In der National Defence Education Act von 1958 beschloß der Kongreß die Finanzierung von Schul- und Ausbildungsprogrammen zur gezielten Unterstützung technisch-wissenschaftlicher Förderungsprogramme in Schulen und Hochschulen.

Aus Raumgründen können wir auf weitere wichtige Urteile, die z.B. das Verhältnis von öffentlichen und privaten Schulen, das Gebet in öffentlichen Schulen, oder die Frage des „busing“ (Schülertransporte in benachbarte Schulbezirke) betreffen, nicht eingehen.

Abschließend soll noch erwähnt werden, daß zur theoretischen Begründung des derzeitigen amerikanischen Schulwesens außer Horace MANN vor allem J.J. ROUSSEAU und J. DEWEY beigetragen haben. Insgesamt aber scheinen Fragen einer „Bildungstheorie“ oder „Bildungsphilosophie“, wie wir sie in Verbindung mit dem „Bildungsauftrag“ unserer Schulen zu diskutieren gewohnt sind, in den USA weniger Interesse zu finden und mit geringerer Aufmerksamkeit verfolgt zu werden. Das stärker ausgeprägte pragmatische Interesse amerikanischer Schulpolitiker drückt sich in einem Titel aus, der kürzlich vom Department of Education veröffentlicht wurde: „American Education. *Making it work.*“ (1988. Hervorhebung H.D.). Ein Kenner des amerikanischen Schulwesens hat im Vergleich zu den Schulsystemen anderer Länder das amerikanische als „das größte, älteste und am meisten einer Einheitsschule entsprechende System öffentlicher Primar- und Sekundarerziehung der ganzen Welt“ (BOYER 1983, 20) bezeichnet.

Seit Beginn diesen Jahrhunderts haben sich zwei Tendenzen im amerikanischen Schulwesen deutlich durchgesetzt und ihm ungeachtet seiner unzähligen Variationen in den Einzelstaaten und Schulbezirken eine überall akzeptierte Grundstruktur gegeben:

1. Kindergarten, Elementary School, Middle School (oder Junior High School) und High School bilden das in allen Einzelstaaten akzeptierte Gerüst des allgemeinbildenden Einheitsschulwesens und die Grundlage zur Verwirklichung der Schulpflicht, die je nach Einzelstaat bis zum 16. oder 18. Lebensjahr dauert.

2. In ständig steigendem Umfang ist der High School Abschluß (High School Diploma) zum ersten berufsbefähigenden Schulabschluß geworden, den heute ca. 80 % eines Schülerjahrgangs erreichen.

Der Aufbau des Schulwesens heute

Der formale Aufbau des Schulwesens in den USA zeigt heute eine Grundstruktur, von der es in Einzelstaaten aber Abweichungen geben kann (siehe Abb. 1.1).

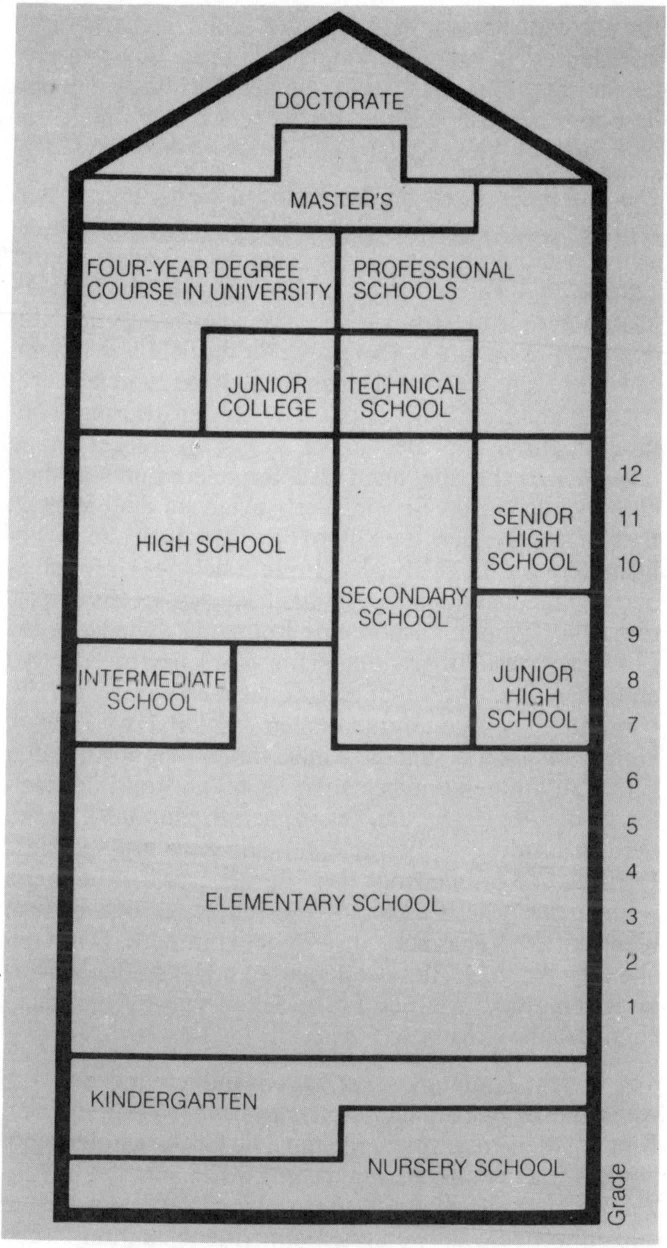

Abb. 1.1: Aufbau des amerikanischen Schulwesens (United States Information Agency, Nov. 1984

Im Vorschulalter werden Kinder, oft schon im Alter von ab zwei Jahren, in Kinderhorten oder -krippen (day-care-centers, nursery schools) betreut und beaufsichtigt, wenn beide Eltern berufstätig sind. Dies ist sehr häufig und in zunehmendem Ausmaß der Fall.

Die ein- oder zweijährigen *Kindergärten* (Kindergarten) sind meist den Grundschulen im Wohnbezirk angeschlossen, sie werden auch vom Schulleiter der Grundschule mit beaufsichtigt. Die Kindergartenerzieher gehören zum Kollegium der Grundschule. Der Arbeitsprogramm der Kindergärten ist auf die Vorbereitung für die Schule gerichtet, es wird schon „gelernt". Neben Spielphasen und körperlicher Betätigung möglichst im Freien spielen die Eingewöhnung in ein Gruppenleben, das Verhalten auf der Straße und im Verkehr, aber auch erste formalere Lernaufgaben eine wichtige Rolle. So wird Wert gelegt auf die Fähigkeit Farben zu erkennen, die Ziffern bis zehn sollen ebenso bekannt sein wie die Buchstaben und ein sicheres Unterscheiden von rechts und links. Natürlich spielen im Kindergarten auch Computer schon eine Rolle, mit denen z.B. bei Lokalisierungsübungen die Feinmotorik geübt oder bei einfachen Buchstabieraufgaben erste Lese- und Schreibkenntnisse erworben werden sollen (vgl. DICHANZ 1984). Üblicherweise arbeiten die Kindergärten sehr eng mit den Eltern zusammen und beziehen sie, oft als freiwillige Helfer, in die Arbeit mit ein. In sozialen Brennpunkten etwa der Großstädte oder besonderer Stadtviertel müssen diese Institutionen oft die Rolle des Elternhauses übernehmen, wenn beide Eltern arbeiten (müssen) oder sich einfach nicht um die Versorgung der Kinder kümmern. Dann reichen die Aufgaben des Kindergarten u.U. von der Versorgung mit einem warmen Frühstück bis zur nachmittäglichen Beaufsichtigung.

Vor diesem Hintergrund ist es verständlich und sinnvoll, wenn die *Grundschulen (elementary schools)* eng mit den Kindergärten zusammenarbeiten. Die Grundschulen sind, ähnlich wie bei uns, als wohnbezirksnahe Schulen mit enger Verbindung zum Elternhaus konzipiert. Sie dürften derzeit wohl die am wenigsten umstrittene, in ihrer Arbeit in der Öffentlichkeit am meisten akzeptierte Schulstufe in den USA sein (vgl. BENNETT, 1986). Als Hauptaufgabe der Grundschulen wird die intellektuelle und soziale Förderung der Schüler angesehen, die normalerweise 4 bis 6, in einigen Einzelstaaten auch bis zu 9 Jahren dauern kann. Im Unterschied zu den Middle oder High Schools arbeiten die Grundschulen in Klassenorganisation. Bis auf einige Spezialfächer (Musik, Sport) bleiben die Schüler in ihrer Klasse zusammen und werden von einem Klassenlehrer bzw. einer Klassenlehrerin betreut. Diese wird unterstützt durch Hilfspersonal für besondere Aufgaben (z.B. Benutzung der Schulbibliothek, Bastelarbeiten, Sport usw.). Durch die an vielen Schulen arbeitende *Parents-Teachers-Association* (PTA) wird früh ein enger Kontakt zwischen Grundschule und Elternhaus hergestellt, zu dem Hausbesuche ebenso gehören wie wöchentliche Anrufe der Lehrer bei den Eltern in den ersten Wochen des Schuljahres u.ä.. Nicht zuletzt diese enge Zusammenarbeit hat dazu geführt, daß viele Wohnbezirke die dort arbeitenden Grundschulen wirklich als *ihre* Schule begreifen.

Die unterrichtliche Arbeit in den Grundschulen läßt sich durch folgende Merkmale charakterisieren:

- Die Vermittlung der grundlegenden Fertigkeiten in Lesen, Schreiben und Rechnen folgt oft sehr engen methodisch-didaktischen Regeln und Vorgaben. Schon früh müssen die Schüler Arbeitsbögen und später Arbeitshefte (textbooks) bearbeiten, deren Aufgaben häufig recht stupide Übungsaufgaben gleichbleibender Struktur sind. In überraschend großem Ausmaß kommen auch Lückentexte zum Einsatz, der Anteil von Aufgaben, in denen die Schüler selbst Gedanken formulieren und eigene Texte zu gestalten haben, ist gering. Überraschend für deutsche Beobachter ist auch der Aufwand und die Besorgnis, mit der Ende des ersten Schuljahres der Übergang von der zunächst gelernten Druckschrift zur Schreibschrift (cursive writing) vorbereitet wird.

- Daneben bemühen sich die Lehrerinnen (ca. 85% der Grundschullehrer sind weiblich) um ein umfangreiches Aktivitätsprogramm, das zu einem lebendigen und lebensnahen, kreativen Unterricht führen soll. Unterrichtsgänge, Besuche von Betrieben und anderen Institutionen, Einladungen von Erwachsenen gehören ebenso selbstverständlich zum Programm wie Elternabende, Einführungen in die Gemeinde- bzw. Stadtbibliothek oder erste Ausflüge in die nähere Umgebung. Hier sind den Lehrern nur wenig Grenzen gesetzt,sofern Schulleiter und die Eltern die Aktivitäten unterstützen.

– Sowohl bei der Unterrichtsarbeit wie bei anderen schulischen Aktivitäten ist das Ausmaß des Lehrerinteresses für die Schüler erstaunlich. Ob es um Lern- oder Leistungsfragen, Verhaltensprobleme oder um Kontakte zu anderen Lehrern oder Mitschülern geht, es ist nichts vorstellbar, wofür sich ein aufmerksamer Grundschullehrer nicht verantwortlich fühlt. Neben anderen Problemen hat dies natürlich vor allem in Schulbezirken mit vermehrten Problemgruppen zu Überlastungen der Lehrer geführt, die in einigen Bezirken heute dadurch aufgefangen werden sollen, daß bereits in Grundschulen für die sechs- bis zehnjährigen Schüler Schulpsychologen zur Verfügung stehen und Sozialarbeiter dem Kollegium angegliedert werden. Auf die vielfältigen Gründe, die zu einer solchen Aufgabenverschiebung der Grundschulen geführt haben, kann hier nicht eingegangen werden.

In einem vielbeachteten Buch hat COLEMAN 1966 in der Auseinandersetzung um den Beitrag der Schulen zur Verwirklichung der Chancengleichheit darauf aufmerksam gemacht, „daß überzeugender als das, was die Schulen mittels Verfahren und Inhalten zu schulischen Leistungen beitragen, das zählt, was Kinder aus dem eigenen Zuhause mitbringen bzw. was ihnen in der Schule aus anderen Familien begegnet." (COLEMAN 1966)

Insgesamt gesehen gewinnt der Besucher amerikanischer Grundschulen oft den Eindruck von kinderfreundlichen, offenen Schulen, deren häufig eintönig und drillähnlich organisierte Lernprozesse nicht so ganz zum übrigen Bild und Selbstverständnis dieser Schulen passen.

Der Übergang von der Grundschule zur *High School* ist von Einzelstaat zu Einzelstaat, oft auch von Bezirk zu Bezirk unterschiedlich organisiert. Mal müssen Schüler eine *Intermediate School*, mal eine *Middle School* oder eine *Junior*

High School durchlaufen, um die Voraussetzungen zum Besuch einer High School zu erwerben. (Vgl. BUTTLAR 1985) Dabei gibt es kein Sitzenbleiben, d.h. ein Wiederholen eines ganzen Schuljahres in allen Fächern. Nach der Grundschule besuchen die Schüler Halbjahreskurse, wodurch sie eine gewisse Anzahl von Punkten erwerben können. Die einzelnen High Schools legen innerhalb eines gewissen Rahmens die Zahl von Punkten (credits) fest, die die Voraussetzung zur Aufnahme in die High School bilden. An diesen Anforderungen orientieren sich die mittleren Schulen bei ihrem Kursangebot und bei der Beratung der Schüler, welche Kurse belegt werden sollen. Die schon früh einsetzende Beratung durch Schullaufbahnberater (counsellor) wird in der weiteren schulischen Entwicklung zunehmend wichtiger. Die Berater kümmern sich nicht nur darum, daß sich die Schüler einen ausgewogenen Kursplan zusammenstellen, bei dem die Pflichtkurse und Wahlmöglichkeiten in einem sinnvollen Verhältnis stehen, schon früh setzt auch eine berufsfeldorientierte Beratung ein, die sich an den Berufswünschen und den -möglichkeiten orientiert, ohne daß derartige Wahlentscheidungen bereits als Berufsvorwahl begriffen werden. Wenngleich der orientierende Charakter der Schulberatung nicht bestritten werden kann, gibt es in den USA viel weniger direkte Verbindungen zwischen Schulabschluß und Berufsmöglichkeiten.

So werden auf der mittleren Schulebene zwar wichtige Weichen im Hinblick auf das Kursprogramm beim Besuch der High School gestellt, berufliche Konsequenzen hieraus sind aber eher mittelbar.

Das Kernstück des amerikanischen Schulsystems ist zweifellos die *High School.* Wenngleich auch für sie wieder zutrifft, daß sie je nach Einzelstaat und Schuldistrikt unterschiedlich organisiert sein kann, wird man in sehr vielen Fällen eine vierjährige High School finden, die mit dem High School Diploma abgeschlossen wird, das *nicht* mit unserem Abitur vergleichbar ist.

Der in dem Zitat von BOYER erkennbare Stolz auf „das größte, älteste und am meisten einer Einheitsschule entsprechende System öffentlicher Primar- und Sekundarerziehung der ganzen Welt“ (BOYER 1983, 33) findet sich auch bei anderen Autoren. Anerkennend heben sie die Leistungen eines Schulsystems hervor, in dem Schüler aller Begabungshöhen und -richtungen, aller nur denkbaren ethnischen und religiösen Gruppieren, aller sozialen Schichten unterrichtet werden (vgl. TYACK, 1974; LIGHTFOOT 1983; CUSICK 1973).

Bezeichnend für den ungeheuren Optimismus, den die Amerikaner gegenüber den Leistungsmöglichkeiten ihrer Schulen hegen, ist eine Äußerung des ehemaligen Präsidenten JOHNSON,der 1965 in Verbindung mit der wichtigen Elementary and Secondary Education Act seiner Zuversicht darüber Ausdruck gab, daß „schulische Erziehung . . . Benachteiligungen, Lernschwierigkeiten und Armut überwinden und Vollbeschäftigung schaffen, die Slums säubern und letztendlich Frieden bringen könne.“ (KNELLER, 503)

Amerikanische High Schools arbeiten, ähnlich wie unsere Oberstufen der Sekundarschulen, nach einem Halbjahres-Kurssystem. Die einzelne Schule bietet ein ganzes Bündel von Pflicht- und Wahlkursen an, aus denen sich die Schüler, oft beraten durch einen Schullaufbahnberater (counselor), ihren Kursplan zusammenstellen. (Vgl. DICHANZ/EUBEL, 1989) Bei diesem System entstehen keine traditionellen Klassen mehr, die Schüler wandern während des Schultages von Klassenraum zu Klassenraum, in denen sie die einzelnen Fachlehrer erwarten. Für Spezialfächer wie Musik, Kunst, Sport, Naturwissenschaften stehen meist Sonderräume mit z.T. beeindruckenden Spezialeinrichtungen zur Verfügung. Für die Zeit eines Schulhalbjahres wiederholt sich der Stundenplan jeden Tag, so daß es häufig vorkommt, daß die Schüler jede Schulstunde einen anderen Lehrer sehen. Allerdings übernimmt eine der Lehrpersonen die Funktion eines Klassenlehrers (classroom-teacher), der für Koordinationsaufgaben u.a. zuständig ist. Disziplinprobleme, die nicht vom jeweiligen Lehrer bereinigt werden können, werden direkt dem Schulleiter (principal) vorgelegt.

Der Schultag dauert von ca. 8 – 15 Uhr, wobei morgens 2 Pausen und mittags eine Lunch-Pause eingefügt sind.

Während der Lunch-Pause wird in vielen Schulen ein warmes Essen gereicht. Zahlreiche Schulen legen Wert darauf, daß die Schüler über Mittag in der Schule bleiben und nicht nach Hause gehen. Nach Unterrichtsschluß müssen die Schüler trotz des langen Schultages noch z.T. umfangreiche Hausaufgaben erledigen.

So schwierig es aufgrund der föderalen Struktur des Schulwesens in den USA ist, allgemein anerkannte Ziele der schulischen Ausbildung zu formulieren, so einig scheinen sich viele Amerikaner zu sein, wenn es um die Festlegung einiger weniger Grundziele geht. In einer aufschlußreichen Gegenüberstellung von schulischen Zielen seit 1918 zeigt KNELLER interessante Entwicklungen auf. Ihr ist zu entnehmen, daß sich seit den „Seven Cardinal Principles“ von 1918 und ihrer individuell orientierten Grundbildung über die schon stärker arbeitsmarktorientierten Forderungen der American Youth Commission von 1937 bis zu den Zielvorstellungen der White House Conference on Education (1955) der Trend zu nützlichem Wissen und Arbeitsmarkttugenden verstärkt hat, wobei allgemeinbildende Ziele wie „citizenship“ or „ethical behaviour“ beibehalten wurden.

Die heutigen Ziele für die Sekundarerziehung der High School umschreibt KNELLER so:

> *„In einem weiteren Sinne umfassen staatsbürgerliche Fähigkeiten (citizenship) Wissen und Fertigkeiten, um als Einzelner und als Mitglied einer Gruppe erfolgreich zu leben . . .*
>
> *Sprachliche und ästhetische Bildung (language arts) beinhaltet die Fähigkeiten und Kenntnisse, die der Einzelne benötigt, um Vorstellungen und Ideen zu verstehen und sich darüber zu verständigen . . .*
>
> *Berufsvorbereitende Kompetenzen (vocational competence) meinen Fähigkeiten und Fertigkeiten, die für ein erfolgreiches Wirken im Gewerbe, in Handel, freien Berufen und Bereichen gesellschaftlicher Arbeit nötig sind . . .*
>
> *Gesundheitserziehung (health and physical fitness) umschließt geistige wie körperliche Gesundheit . . .“ (KNELLER, 522/523)*

Um ein High-School-Abschlußzeugnis zu erhalten, müssen die Schüler eine betimmte Anzahl von Punkten (credits) nachweisen, die sich aus der Addition der Punkte für die besuchten Kurse ergeben. Dabei zählen Pflichtkurse mehr als Wahlkurse. Eine punktuelle Abschlußprüfung für das Zertifikat gibt es nicht. Dafür wird aber während der Schuljahre eine oft unglaubliche Zahl von Tests durchgeführt, durch die der Leistungsstand der Schüler „objektiv" festgestellt werden soll. (Vgl. Kap. 8)

Obwohl die für das High-School-Zertifikat erforderliche Zahl von Punkten von Schuldistrikt zu Schuldistrikt verschieden sein kann, gibt es keine Diskussion über die Anerkennung des Abschlusses, gleichgültig, wo er erworben wurde. Hier zeigt sich ein Vorteil eines Einheitsschulsystems ganz deutlich. Allerdings soll nicht verschwiegen werden, daß einige Einzelstaaten in Verbindung mit einer auf „excellence" gerichteten Schulreform darüber nachdenken, das High-School-Zertifikat zu differenzieren (z.B. Iowa, North-Carolina, Ohio, South-Dakota, Virginia).

Gleichwohl ist es zutreffend, die amerikanische High School als ein „distinctly American product" (DE YOUNG/WINN, 190) zu beschreiben, der von der Public Education Association of New York City folgende Merkmale zugeschrieben werden:

„1. Jede High School, die für alle offen ist (Comprehensive High School), soll ihre Schülerschaft als Einheit betrachten und sie nicht in allgemeinbildende und berufliche Züge vorsortieren.
2. Das Lehrprogramm soll die traditionellen Wissensvoraussetzungen umfassen, die für den Übergang auf das College verlangt werden, und Fortgeschrittenen-Kurse für solche Schüler enthalten, die sich dafür qualifizieren.
3. Die High School soll sich verantwortlich fühlen, besondere schulische Anstrengungen zu unternehmen, um die Lernfertigkeiten lernbehinderter Schüler zu verbessern.
4. Das Lern- und Beratungsprogramm für jeden Schüler soll ausgehen von seinen Leistungen, seinen tatsächlichen Fähigkeiten und seinen Wünschen.

5. Schüler sollen keinerlei berufsorientierte Vorentscheidungen vor dem 11. Schuljahr treffen.
6. Jeder Schüler soll unabhängig von seinem familiären Hintergrund und seinen Vorstellungen die Chance haben, einen weiten Bereich beruflicher Möglichkeiten zu erkunden.
7. Entsprechend ihrem Ziel, eine allgemeine Ausbildung und Vorbereitung für einen sich wandelnden Arbeitsmarkt anzubieten, soll die High School eng mit Arbeitnehmern und Arbeitgebern zusammenarbeiten.
8. Die High School soll ein aktives Schulprogramm in Kunst, Musik, Theater, Sport und eine Reihe von Clubs anbieten, so daß Schüler außerhalb der Unterrichtsfächer auch in andere Aktivitäten eingebunden sind.
9. Die High School wird nur eine Form des Abschlußzeugnisses verleihen, dem eine Übersicht über die Leistungen des Schülers beigefügt ist.
10. Die High School soll eine Beratung anbieten, um allen Schülern dabei zu helfen, die am besten geeigneten Entscheidungen hinsichtlich des Berufs, der Berufsvorbereitung oder der Fortführung der schulischen Ausbildung zu treffen." (DE YOUNG/WYNN a.a.O., 190)

Die Institution High School ist heute tatsächlich ein Ort der Massenausbildung geworden. 1988 befanden sich 16,5 Mill. amerikanischer Schüler in der High School, davon 1,4 Mill. in Privatschulen. Die Entwicklung der Schülerzahlen zeigt Tabelle 1.1.

Tab. 1.1: Die Entwicklung der High School Absolventen (in Tausend)

1870	16	2,0 %
1950	1.200	59,0 %
1960	1.858	69,5 %
1970	2.889	76,9 %
1980	3.043	71,4 %
1987	2.693	72,9 %

Quelle: National Center for Education Statistics. Office of Ecucational Research and Improvement. U.S. Department of Ecucation: American Education at a Glance, Washington, D.C. o.J.

Wichtig zur Beurteilung der Entwicklung der High School ist auch der prozentuale Anteil der High School Absolventen an der Gesamtschülerzahl.(Zum Vergleich: BRD 1986: Sek. II/12. Kl. = 28.8 %.)

Der enorme Anstieg der Absolventen von 2 % auf ca. 73 % unterstreicht mehr als alle anderen Erläuterungen den gewaltigen Wandel der High School seit gut 100 Jahren. Wenn man sich dabei ins Gedächtnis ruft, daß in der BRD von der Altersvergleichsgruppe der 18- bis 19jährigen im Schuljahr 1986/87 noch 28.8 % eine allgemeinbildende Schule (ohne Berufsschule) besuchten, wird die andersartige Aufgabe der High School vollends deutlich.

Die Zahlen lassen erkennen, wie sehr sich der Charakter der High School seit ca. 1900 von einer Eliteschule, die auf den Collegebesuch vorbereitete, zu einer Gesamtschule verändert hat, bei der allgemeinbildende und berufsorientierende Aufgaben gleichermaßen zu bewältigen sind.

Diese Entwicklung ist in den USA allerdings nicht unumstritten. Zahlreiche Kritiker meinen, die Öffnung der High School sei mit einem erheblichen Niveauverlust bezahlt worden. Andere meinen, der Qualitätsverlust sei darauf zurückzuführen, daß von der High School die gleichzeitig Realisierung der Ziele „excellence“ und „equality“ erwartet würde, Erwartungen, die zu widersprüchlich seien, um sie beide gleichzeitig und ohne Verlust erreichen zu können.

Seit der ersten kritischen Untersuchung der High School durch das Committee of Ten on Secondary School Studies im Jahre 1890 hat es immer wieder zahlreiche Überprüfungen der Struktur der High School und einzelner ihrer Merkmale gegeben, die zu Reformen, zu Verbesserungen führen sollten. Besonders bekannt geworden sind der CONANT-Report von 1959 im Anschluß an den Sputnik-Schock von 1957, der COLEMAN-Report (1982) zum Vergleich von privaten und öffentlichen Schulen und während der Präsidentschaft von Ronald Reagan der Bericht einer National Commission „A Nation at Risk“ (vgl. DICHANZ/PODESCHI 1986; DICHANZ 1987), an den sich zahlreiche Einzeluntersuchungen mit unterschiedlichsten Akzenten anschlossen. Der jüngste Bericht des amerikanischen Erziehungsministers von 1988 macht deutlich, daß die verschiedensten Reformen der letzten Jahrzehnte wenig an den bekannten Problemen geändert haben, er enthält auch Hinweise darauf, welches die Ursachen für die o.g. Probleme sind.

Unübersehbar ist in diesem Dokument aber auch der Stolz, mit dem die Amerikaner ihr Schulsystem und seine Leistungen betrachten.

„Through much of our history, this faith in our schools as the prime engine of democracy, individual opportunity, and social mobility has been well-rewarded. There has never been a country whose system of education has served so many students so successfully for so many years and for such diverse ends. Ours is a tradition of educational achievement worthy of great pride." (BENNETT 1988, 1).

„Während langer Phasen unserer Geschichte hat sich dieses Vertrauen in unsere Schulen als starker Motor für die Demokratie, für individuelle Chancen und für soziale Mobilität sehr gelohnt. Es hat bisher kein Land gegeben, dessen Schulsystem so vielen Schülern über so lange Zeiträume zur Erreichung einer solchen Vielfalt von Zielen so erfolgreich gedient hat. Unser ist eine Tradition schulischer Leistungsfähigkeit, auf die wir mit Recht stolz sein können."

Einen solchen Stolz auf unsere Schulen zu äußern, käme in Deutschland kaum jemanden in den Sinn. Und sicher käme keine politische oder wissenschaftliche Kommission, die sich mit dem Schulwesen befaßt, auf den Gedanken, hier läge das Hauptproblem vieler gesellschaftlicher und ökonomischer Probleme. Der Optimismus und Pragmatismus, wie er aus den Äußerungen des Erziehungsministers über Schulfragen klingt, ist sehr amerikanisch: Ein Teiltitel der von BENNETT herausgegebenen schon zitierten Schrift zur Situation und Zielsetzung des amerikanischen Schulwesens kann als Motto amerikanischer Bildungspolitik betrachtet werden: „Making it work" – Das müßte doch möglich sein . . .!.

2. Bildungsrecht und Bildungschancen

Es kann keinen Zweifel geben, daß die USA eines der größten Schulsysteme der Welt unterhalten: ca. 28.575.000 Schüler besuchen 80.800 Grundschulen (davon 4.3 Mill. in 22.000 privaten Grundschulen). 16.5 Mill. Schüler sind in Sekundarschulen eingeschult (davon 1.3 Mill. in 8.200 Privatschulen). Die insgesamt 45 Mill. Schüler werden in ca. 113.000 Schulen von 2.55 Mill. Lehrern betreut (BRD: 6.5 Mill. Schüler in ca. 30.000 Schulen von 418.000 Lehrerinnen/Lehrern).

Vergegenwärtigt man sich weiter, daß diese Riesenzahl von Schulen sich auf 50 Einzelstaaten mit eigener Schulgesetzgebung und insgesamt ca. 14.000 weitgehend unabhängige Schuldistricts (vgl. Kap. 4) verteilt, ist es schon erstaunlich, daß es den Amerikanern dennoch gelungen ist, eine weitgehend gleiche Zielsetzung dieser vielen Schulen zu entwickeln und bis heute beizubehalten. Mehr noch: Insbesondere die High School hat sich ungeachtet zahlreicher Differenzierungen in den verschiedensten Bundesländern zu einer stabilen Säule des amerikanischen Schulsystems entwickelt.

> *„Die moderne Sekundarschule ist in der Tat aufgerufen, eine immer größere Rolle in der amerikanischen Erziehung zu spielen. Die öffentlichen High Schools haben in einigen Gemeinden in einem erstaunlichen Ausmaß fast alle Verantwortung für die persönliche Entwicklung übernommen – individuelle und soziale Aufgaben, die früher von der Familie und der Kirchengemeinde oder der Synagoge übernommen worden waren. . . .*
>
> *Die öffentliche High School mit zahlreichen Parallelkursen unter einem Dach ist andererseits in vielen Gemeinden zum Standardtyp der Sekundarschule geworden." (RIPPA, 1984, 323)*

Einige Gründe für diese angesichts der unterschiedlichen Geschichte und Entwicklung vieler Einzelstaaten überraschenden Entwicklung haben wir bereits im vorigen Kapitel dargelegt. Vor allem die bildungsphilosophischen und bildungspolitischen Vorstellungen von Horace MANN und John DEWEY haben dazu beigetragen, ein tragfähiges Fundament für die Entwicklung eines Schulsystems zu entwerfen, das auf breite gesellschaftliche Zustimmung stieß und Leitlinien für den Ausbau des Schulwesens im 21. Jahrhundert enthält.

Ohne die Unterstützung weitblickender Politiker, die schon früh die Aufgabe einer allgemeinen schulischen Ausbildung in ihrer Wichtigkeit erkannten, wäre es nicht so früh dazu gekommen, daß die Einzelstaaten mit ihren z. T. sehr unterschiedlichen Interessenlagen sich der Aufgabe zugewendet hätten, ein öffentliches Erziehungssystem einzurichten. Aber bereits Benjamin FRANKLIN (1706 – 1790) und Thomas JEFFERSON (1743 – 1826) hatten Diskussionen eingeleitet, die auf die Notwendigkeit aufmerksam machten, ein öffentlich verantwortetes und durch gemeinsame Steuern finanziertes Schulwesen einzurichten. Insbesondere in den drei Bundesstaaten Pennsylvania, Virginia und Massachusetts traten früh Politiker auf den Plan, die sich darum bemühten, eine allgemeine Schulpflicht einzuführen, die in vom Staat kontrollierten und bezahlten Schulen realisiert werden konnte. So gelang es zu Beginn des 19. Jahrhunderts James G. CARTER in Massachusetts, 1837 das erste Stateboard of Education in den USA einzurichten. Er hatte diese Maßnahme als Vorsitzender des House Committee on Education über mehrere Jahre zielstrebig vorbereitet, ihm folgte am 30. Juni 1837 der junge und angesehene Rechtsanwalt und Senator Horace MANN, um erster Minister im Stateboard of Education in Massachusetts zu werden. MANN war sich der Schwierigkeiten seiner Aufgabe durchaus bewußt, er notierte in seinem Tagebuch:

„Wer immer diese Aufgabe übernimmt, muß Entbehrungen, viel Arbeit und unendlichen Ärger von einer unendlich großen Zahl von Intriganten auf sich nehmen. Er muß die Begeisterung konzentrieren und den Stein der Ungläubigen erweichen." (nach RIPPA, 116)

Obwohl, oder gerade weil MANN selbst eine starke religiöse Erziehung genossen hatte, trat er für eine strenge Trennung von Schule und Kirche ein. Er wollte das Interesse der Gemeinden an ihren Schulen stärken, er wollte sie dazu bewegen, Sorge zu tragen für eine „*education of all* its children" (a.a.O., 120). In insgesamt 12 jährlichen Reports über seine Tätigkeit in der public education diskutierte

MANN immer neue Aspekte der öffentlichen Erziehung, setzte sich mit konservativen Kräften auseinander, um sie davon zu überzeugen, daß „the cheapest means of selfprotection and insurance“ die öffentlichen Schulen sein würden. Er berichtete über Erfahrungen und Ergebnisse eines Europabesuches, trat für eine akademische Lehrerbildung ein und machte insgesamt von sich reden als einem überzeugten Unterstützer und Anhänger eines öffentlichen Schulwesens, in dem die Schüler nicht durch körperliche Strafen eingeschüchtert würden, sondern durch eine pädagogische Unterstützung von Selbstdisziplin und Selbstkontrolle in ihrer Persönlichkeit respektiert und zu freien, selbstbewußten und kritischen Bürgern erzogen würden. Seine Vorschläge und Ideen überschritten bald die Grenzen von Massachusetts, beeinflußten die Entwicklungen in anderen Ostküstenstaaten, ja selbst bis nach Südamerika hin. Seine Ideen zu einem öffentlichen Schulwesen führten die Nation in das „movement for free public schools“ (a.a.O., 122). Frei waren diese Schulen in einem doppelten Sinne: Sie sollten nicht mehr zwischen Armen und Reichen, Abhängigen und Freien unterscheiden, und der Schulbesuch sollte unabhängig von der Schichtzugehörigkeit der Eltern unentgeltlich für alle möglich sein. Damit hatte MANN, in der demokratischen Tradition der frühen Einzelstaaten stehend, die Basis gelegt für ein Schulwesen, das sich selbst als demokratisch versteht, und das als eine seiner Hauptaufgaben die Erziehung aller zur Demokratie begreift. Dieses Verständnis schließt ein die Idee der „equal opportunities,“ der gleichen Chance für alle, das Recht auf schulische Ausbildung, die Erziehung zum selbstbewußten, kritischen amerikanischen Bürger – eine Aufgabe, der sich die amerikanischen Schulen seit ihrer Gründung verpflichtet sehen und zu der sie sich auch heute bekennen. Wie in einem Vermächtnis hat Horace MANN in seinem zwölften und letzten Report von 1848 sein „Free school system“ wie folgt beschrieben:

> *„Es kennt keinen Unterschied zwischen Reichen und Armen, zwischen Unfreien und Freien oder solchen, die im erbärmlichen Licht dieser Welt auf verschiedenen Wegen danach suchen, das Tor des Himmels zu finden. Ohne Bezahlung und Belohnung öffnet es weit seine Tore und deckt den Tisch sei-*

ner Großzügigkeit für alle Kinder dieses Landes. Wie die Sonne scheint es nicht nur auf die Guten, sondern auch auf die Bösen, damit sie ebenfalls gut werden; und wie der Regen fällt ihr Segen nicht nur auf die Gerechten, sondern auch auf die Ungerechten, daß deren Unrecht verschwinde und nicht mehr vorhanden sei." (a.a.O., 123) – Dies klingt wie eine Charta für gleiche Bildungschancen.

Wenig später als Horace MANN in Massachusetts wirkte zunächst in Connecticut und später in Rhode Island der Politiker und Pädagoge Henry BARNARD, der mindestens ebenso einflußreich war wie Horace MANN. Stärker noch als MANN griff er auf europäische Vorbilder öffentlicher Erziehung zurück, die er während einer längeren Studienreise studierte. BARNARD ließ sich ganz besonders von den Unterrichtsmethoden PESTALOZZIs beeindrukken, blieb aber in seinen bildungspolitischen Ideen eher konservativ. Dies gilt insbesondere für die Idee der Chancengleichheit, die er nur zögernd aufnahm. Zu sehr war sein Lebenshintergrund verbunden mit den Lebenskreisen einflußreicher und vermögender Familien, als daß er auf eine Eliteerziehung hätte verzichten wollen.

Die Spannung in den Erwartungen gegenüber der Schule, in der sich Horace MANN konsequenter auf die Seite der „equal opportunities" schlug als BARNARD, wurde kennzeichnend für die bildungspolitischen Auseinandersetzungen in den verschiedensten Einzelstaaten der USA bis zum Beginn dieses Jahrhunderts. Bis zu diesem Zeitpunkt war es einer konservativen Vermögenselite gelungen, der High School nach wie vor die Aufgabe zuzuweisen, ihre Schüler auf den Collegebesuch vorzubereiten. An eine breit angelegte Allgemeinbildung für alle Schüler zum Nutzen des Einzelnen und zur Sicherung der demokratisch verfaßten Gesellschaft dachte bis dahin nur eine liberal-progressive Minderheit, die sich nur an wenigen Stellen, wie z. B. in Massachusetts durchsetzen konnte. Erst in Verbindung mit der wachsenden staatlichen Aufsicht über das öffentliche Schulwesen nahm der Einfluß derjenigen zu, die in der Schule das Instrument sahen, wichtige Forderungen der Bundesverfassung oder der einzelstaatlichen Verfassungen durchzusetzen. Das Wiederaufleben der Debatte um die übergreifenden Ziele für ein öffentliches Schulwesen führte um 1900 zu einer Revision der High School von einer Eliteschule hin zu einem allgemeinbildenden Schulsystem mit Gesamtschulcharakter.

Gleich bedeutende, wenngleich völlig anders gelagerte Akzente in der Entwicklung der amerikanischen Schulen setzte John DEWEY (1859-1952). Wer DEWEYs pädagogisches Vermächtnis „Education is the fundamental method of social progress and reform." (My paedagogic creed, 1887) kennt, kann viele Diskussionen und Entwicklungen im amerikanischen Schulwesen dieses Jahrhunderts besser verstehen. Die Wissenschaften bis hin zur Philosophie waren für ihn Handlungsinstrumente des Menschen. Die Schule sollte sich an den Interessen der Kinder orientieren und nicht an den Systematiken der Fächer. Freiheitlicher Geist und gegenseitiger Respekt, Selbstdisziplin und Lernen durch Erfahrung sind einige der Begriffe, von denen aus DEWEY eine bis in didaktisch-methodische Details hinein ausgearbeitete Theorie der Schule entwickelte, auf die hier im einzelnen nicht eingegangen werden kann (vgl. RIPPA, 206-219; BOHNSACK 1976). Wichtiger sind in unserem Zusammenhang Gedanken DEWEYs, in denen er entwickelte, daß Schule ein unentbehrlicher, ja grundlegender Baustein einer demokratischen Gemeinschaft sei. Besonders in seinen Spätwerken hat sich DEWEY auf diesen Aspekt seiner schultheoretischen Überlegungen konzentriert und immer wieder betont, daß Schule einen wichtigen Beitrag dazu leisten könne, der Entwicklung der amerikanischen Gesellschaft einen sozialen Akzent zu geben.

> *„Wenn die Schule jedes Kind darauf vorbereitet und darin übt, Mitglied einer solchen kleinen Gemeinschaft zu sein, es erfüllt mit dem Geist der Dienstbarkeit und es ausrüstet mit Methoden einer wirksamen Selbstkontrolle, werden wir die sicherste und beste Garantie für eine größere Gesellschaft haben, die wertvoll, liebenswert und harmonisch ist." (DEWEY 1907, 20)*

Mit seiner optimistischen Einschätzung des gemeinschaftsfördernden Schulsystems hoffte DEWEY, auch altüberlieferte Gegensätze wie z.B. den zwischen allgemeiner und beruflicher Erziehung, zwischen Interesse und Disziplin, den Schüleraktivitäten und den Fächeransprüchen, der kindlichen Entwicklung und den gesellschaftlichen Interessen harmonisieren und mithilfe der Schule lösen zu können. Von diesem Optimismus hat sich in den USA bis in die heutige Schul- und Bildungspolitik viel gehalten. Wenngleich DEWEY im Unterschied zu vielen anderen Schultheoretikern den Schulen, Lehrern und Schülern auch manchen praktikablen Weg zur Verwirklichung seiner Ideen wies, sind seine Ideen heute lebendiger als seine schulpraktischen Hinweise. Mehr denn je sind die amerikanischen Schulen heute Spiegelbild einer mit vielen Spannungen belasteten multidimensionalen Gesellschaft.

Es waren nicht nur ideenreiche, weitblickende Politiker und Wissenschaftler und gebildete Bürger wie Horace MANN oder John DEWEY, die die ideenmäßigen Voraussetzungen für ein öffentliches Schulsystem bildeten. Zahlreiche andere Entwicklungen und Bewegungen trugen dazu bei, daß ihre Ideen auf einen fruchtbaren Boden fielen, weiterentwickelt und in praktische Schulpolitik umgewandelt wurden. Parallel zur beginnenden Industrialisierung der Vereinigten Staaten seit Anfang des 19. Jahrhunderts entwickelten sich verschiedene geistig-gesellschaftliche Strömungen, die versuchten, die weiterhin existierende Opposition gegen ein öffentliches, durch Steuern finanziertes Schulsystem zu überwinden und der Idee eines Bildungsrechtes für alle Bürger zum Durchbruch zu verhelfen.

In der Arbeiterschaft, die sich an einigen Stellen Amerikas zu Beginn des 19. Jahrhunderts zu organisieren begann, entstand der Wunsch, ihre Kinder nicht länger auf die sogenannten „Pauper-schools“ (Armenschulen) zu schicken und Schulausbildung ihrer Kinder als soziale Wohltat zu empfangen, sie verlangten, vor allem unter Führung des Arbeiterführers Robert DALE OWEN aus New York, freie Schulen für alle Kinder, und damit eine bessere Zukunft für sie. Weiterblickende Angehörige der wohlhabenden Schichten erkannten die Gefahren, die aus sozialen und wirtschaftlichen Spannungen erwachsen konnten, und unterstützten aus diesen Gründen den Aufbau eines öffentlichen Schulwesens. Zahlreiche Berichte über Schulen in Europa, vor allen Dingen über die pädagogische Arbeit von PESTALOZZI und FELLENBERG in der Schweiz sowie über Reformen in Preußen und Frankreich trugen ebenfalls dazu bei, ein günstiges Klima für die Ausdehnung der Idee eines öffentlichen Schulwesens zu schaffen. Von den vielen örtlich gebildeten Vereinigungen und Gesellschaften, die sich der Unterstützung der öffentlichen Schulden widmeten, sei hier nur stellvertretend für viele „The American Lyceum" erwähnt, die seit 1826 in Connecticut durch Spenden, eigene Zeitschriften, Vortragsreihen und politisches Engagement zu einem grass-roots-movement beitrug, das in späteren Jahren an vielen Stellen der Vereinigten Staaten die Ausdehnung des öffentlichen Schulwesens förderte. Gegen Ende des 19. Jahrhunderts war in der amerikanischen Öffentlichkeit die Überzeugung von der Notwendigkeit der örtlichen Kontrolle der Schulen entstanden.

Eingeleitet wurde der Aufbau eines Sekundarschulwesens, der High School, wie häufig in amerikanischen Schulfragen durch eine Gerichtsentscheidung. Im berühmt geworden Calamazoo Case (vgl. Kap. 1) entschied der Oberste Gerichtshof von Michigan 1874, daß die Gemeinden, insbesondere die örtlichen Schoolboards das Recht hätten, Steuern zum Aufbau und zum Betrieb eines Sekundarschulwesens zu erheben. Damit wurde das Begehren eines Calamazoo-Bürgers zurückgewiesen, Schulkosten weiter nur privat zu erheben und dem Schoolboard zu verbieten, Schulsteuern einzuziehen. Diese Calamazoo-Entscheidung hat erheblich dazu beigetragen, daß die Idee „. . . einer für alle zugänglichen öffentlichen Schule die kennzeichnendste Idee der amerikanischen Erziehung ist." (RIPPA, 135)

Daß die besonderen Anstrengungen, den Süden der Vereinigten Staaten zur Annahme einer Bildungspolitik „Free Schools for the whole people" zu bewegen, bis in unser Jahrhundert hinein dauerten, kann hier nur am Rande erwähnt werden.

Die umfangreichen ideologischen und bildungspolitischen Auseinandersetzungen des 19. Jahrhunderts waren notwendig, damit mit Beginn diesen Jahrhunderts die High School in eine allgemeinbildende Gesamtschule umgeformt werden konnte. Wie drastisch die Umgestaltung der High School war, demonstriert Tabelle 1.1 in Kap. 1.

Diese quantitative Ausweitung war in der Bewegung „Progressive Education" von einer qualitativen Veränderung und Umformung begleitet. Unter dem Eindruck der wachsenden Großstädte, dem Entstehen der ersten größeren Fabriken (insbesondere der Autofabriken mit ihren ersten Fließbändern) und der Masse neuer Einwanderer in die Vereinigten Staaten hatte sich 1919 eine „Progressive Education Association" gegründet, deren Ziel es war, „... die Funktion der öffentlichen Schulen weit über ihre traditionellen, formalen, intellektuellen Aufgaben hinaus auszudehnen." (COHEN 1971, 26)

Gegen Ende des vorigen Jahrhunderts, 1893, unternahm es eine Gruppe von College-Präsidenten und Professoren, im Auftrag der National Education Association (NEA) Curricula für diejenigen Jugendlichen festzulegen, die in der High School auf den Collegebesuch vorbereitet werden sollten. Dem „Commitee of Ten on Secondary School Studies", oder der „old guard", wie COHEN dieses Commitee respektlos nennt, war entgangen, daß sich Amerika unter der Industrialisierung, der Urbanisierung und der Immigration zahlreicher Einwanderer selbst zu verändern begonnen hatte.

Ein Blick auf einige der von dieser Kommission vorgeschlagenen Curricula macht die traditionelle Orientierung deutlich, daß sich diese Kommission hauptsächlich um die begabten Schüler kümmerte (vgl. PRESSEISEN 1985, 141 ff). Sie verlangte von den Collegebewerbern Kenntnisse in drei Fremdsprachen (Latein, Griechisch, Deutsch oder Französisch), solides Wissen in Mathematik (Algebra, Geometrie, Trigonometrie) und Naturwissenschaften (physikalische Geographie, Physik, Astronomie, Chemie) sowie in Geschichte.

25 Jahre später hatte sich diese Orientierung bereits geändert. Die ebenfalls von der NEA ins Leben gerufene „Commission on the Reorganization of Secondary Education" veröffentlichte 1918 ihren Bericht „The Cardinal Principles of Secondary Education", der in deutlicher Frontstellung zum „Committee of Ten" eine neue Zielsetzung enthielt. Sie sollte der Öffnung der High School für alle Jugendlichen und einer viel stärkeren praktischen Berufsorientie-

rung Rechnung tragen. Sieben Ziele nannte das Committee für die High School-Erziehung:

„Gesundheit, Beherrschung grundlegender Prozesse (Kulturtechniken, H.D.), würdiges Familienleben, Beruf, Bürgererziehung, würdiger Gebrauch der Freizeit, und ein moralischer Charakter." (HAHN & BIDNA, 1965)

Bildungspolitiker und Erziehungswissenschaftler mußten beobachten, wie die ländliche Struktur Amerikas zusehens zerbrach, wie – vor allen Dingen in den Städten – die Familien immer mehr ihre traditionellen Fähigkeiten verloren und die öffentliche Erziehung völlig neue Aufgaben übernehmen mußte. Die Gesellschaft sah sich zwei großen Herausforderungen gegenüber:

1. Dem Umbau der amerikanischen Gesellschaft von einer weitgehend ländlich strukturierten zu einer Industriegesellschaft mit ihren Zentren in den großen Städten.

2. Der Eingliederung der großen Einwanderungswelle zu Beginn dieses Jahrhunderts in die amerikanische Gesellschaft und Arbeitswelt. Der sprichwörtlich gewordene „Melting pot" wurde zum Symbol für die USA.

Wie schon in den Gründerjahren besann sich Amerika in dieser sozialpolitisch immer kritischer werdenden Situation seiner Schulen und der öffentlichen Erziehung. Den Schulen wurde die Aufgabe auferlegt, „die Probleme von Gesundheit, Hygiene, Erholung, Berufsvorbereitung, der Überbevölkerung, der Eingliederung der Emigranten usw." (COHEN, 29) zu lösen. Dies waren nicht die Aufgaben, für die die Elementary und High Schools ursprünglich gegründet, für die sie ausgerüstet und ihre Lehrer ausgebildet waren. Die Schulen mußten erst selbst auf diese neuen Aufgaben vorbereitet werden. Diese Umstrukturierung der öffentlichen Schulen ist bis heute nicht abgeschlossen.

Sie erfolgte nicht nur über schulpolitische Diskussionen und Maßnahmen, getragen von einem gewandelten öffentlichen Bewußtsein, sondern in erheblichem Maße auch durch Anrufen der Gerichte. Zu dieser für die amerikanische Schulentwicklung kennzeichnenden Tatsache muß bemerkt werden, daß sich die Gerichte bei ihren Entscheidungen häufig auf der fortschrittlichen Seite der Schulpolitik finden und einen erheblichen Anteil an der juristischen Durchsetzung der konstitutionell verankerten Bürgerrechte, gerade dem der „equality“ haben. Wie weit diese dann in den Schuldistrikts Wirklichkeit wurden, steht auf einem anderen Blatt.

Die mit diesen beiden Herausforderungen der gesellschaftlichen Umstrukturierung und der Amerikanisierung der Einwanderer verbundenen Veränderungen sind durchaus dramatisch: Von 1860 bis 1900 wuchs der Anteil der städtischen Bevölkerung von 16% auf 40%, Städte wie Chicago und New York verdoppelten oder verdreifachten ihre Einwohnerzahl, eine Landflucht hatte eingesetzt, die gut 20 Mill. Einwanderer aus Europa ließen sich vorwiegend in den Städten nieder, die mit der Versorgung oder gar Integration der Fremden völlig überfordert waren. Um 1910 waren die Schüler in den größeren Städten zu mehr als 50% Einwandererkinder, meist ohne Englischkenntnisse.

Kein Wunder, daß die Frage auftauchte: „Konnten die vom Land stammenden Amerikaner und die im Ausland Geborenen aller möglichen ethnischen und religiösen Schattierungen die erwartete Disziplin einer neuen industriellen Arbeit erlernen? Welche Rolle würden die öffentlichen Schulen in dieser neuen industriellen Gesellschaft spielen?“ (COHEN, 27)

Der amerikanische Journalist Jacob RIIS versuchte, die öffentlichkeit über die Folgen der Industralisierung und Urbanisierung aufzuklären und darüber zu informieren, „How the Other Half Lives“ (1890). Seine Lösung war einfach: „It is all a matter of education.“ (RIIS, in: KNELLER, 28) Zahlreiche Stiftungen und soziale Vereinigungen nahmen diese Idee der schulischen Verantwortung auf und versuchten, die neuen sozialen Probleme mithilfe der Schulen zu lösen.

„Die ganze Bewegung zur Ausdehnung der Schulen, zunächst theorielos und pragmatisch, entstand aus den sozialen und humanitären Bedürfnissen der Stadt. Sie lief hinaus auf eine Vorstellung von Schule, die weit über die formalen, intellektuellen Belange hinaus zu modernen Vorstellungen mit allen Kriterien für das kindliche Wohlergehen und eine Verbesserung der Nachbarschaft ging; das Konzept einer

Schule als einem Zentrum zur Förderung industrieller Fertigkeiten, einem Zentrum für soziale und nachbarschaftliche Kontakte und die Kinderversorgung." (COHEN a.a.O., 29)

Es waren aber nicht nur die sozialen Probleme, die Pädagogen und Bildungspolitiker beschäftigten, die generelle Ausrichtung der Schulen war in die Diskussion gekommen, wurde diskutiert und reformiert. Dabei spielten die Lehrer und ihre nationale Vereinigung, die NEA (National Education Association) eine wichtige Rolle. Das schon erwähnte Commitee of Ten bestätigte 1893, es sei Aufgabe der High School, einen kleinen Teil der heranwachsenden Jugend auf die Erfordernisse des Lebens durch eine strenge Ausbildung in wissenschaftlichen Fächern vorzubreiten. 1918 plädierte die ebenfalls von der NAE bestellte Commission on the Reorganization of Secondary Education dafür, die High School solle sich um *alle* Jugendlichen bis zum 18. Lebensjahr kümmern. Gegenstand des Unterrichts sollten weniger intellektuelle Anforderungen als praktische Erfordernisse des Lebens sein.

Diese Umorientierung der High School, die schultheoretisch durch John DEWEY vorbereitet und begleitet war, haben den Charakter der High School bis in die 50er Jahre und z. T. bis heute beeinflußt.

Die gegen Ende des vorigen Jahrhunderts sich ausbreitende Common School Movement hatte Einigkeit darüber herbeigeführt, daß es notwendig sei, allen Kindern eine angemessene, gleiche Schulbildung zukommen zu lassen. Hierüber waren sich Schulpolitiker und -theoretiker weitgehend einig, ein Zurück gab es nicht mehr. Im Kontext der sich fortsetzenden Industrialisierung und der Umwandlung der Arbeitswelt entwickelte sich auch weitgehend eine gemeinsame Vorstellung über die generelle Aufgabe der Schulen, insbesondere der High School. Für die in dieser Denktradition stehenden Pädagogen war klar: „Das Prinzip der Arbeitsteilung taugt für die Schule wie für die mechanisierte Industrie." (SELAKOVICH, 37)

Es gab keinen Zweifel daran, daß sich die Idee einer gleichen, kostenlosen Schulbildung für alle durchgesetzt hatte. In einer vielfach aufgelegten Schulgeschiche der Vereinigten Staaten faßt ihr Autor KNIGHT die gesellschaftliche Aufgabe der Schulen nochmals zusammen, wenn er sagt, daß „. . . es (das Volk) durch eine geeignete Erziehung lernt, daß es einer bestellten Regierung ordnungsgemäß verpflichtet ist, die für alle Bürger da ist, reich und arm, hoch und niedrig, stark und schwach, klug und dumm.“ (KNIGHT 1951, 2)

Hiermit ist eine „typisch amerikanische“ schulhistorische Position bezeichnet, in der eine Gruppe sog. „Traditionalisten“ um die Jahrhundertwende die demokratische Schulbildung in den Dienst des herrschenden politischen, wirtschaftlichen und sozialen Systems nahm. Scharf und unmißverständlich erfolgte später die Kritik aus den Reihen fortschrittlich denkender Schulkritiker, zusammengefaßt unter dem Begriff der „Revisionisten“, die bei der Betrachtung der amerikanischen Schulgeschiche keine Hinweise darauf entdecken konnten, daß die Schulen irgendetwas zur Weiterentwicklung der Demokratie beigetragen hätten. Im Anschluß an eine gründliche Studie statistischer Daten von 1920 – 1960 stellte GREER fest, daß „. . . weder die Schule noch die Gesellschaft die Mobilität anbietet, die manche sich vorstellen.“ (GREER, 1972, 85). Als Fehlleistung des Schulsystems entdeckte er, daß Schulen die „Lernerfahrungen (anbieten), die genau zu dem Platz passen, der ihnen und ihren Familien in der sozialen Rangskala zugewiesen war.“ (ebd. 1972)

„Wir müssen den Schluß ziehen, daß die schulische Erziehung in den USA hochgradig ungleich ist, daß die Chancen, eine umfassende oder geringe Schulausbildung zu erhalten, wesentlich von der Rassezugehörigkeit und dem Einkommensniveau der Eltern abhängen.“ (BOWLES/GINTIS 1976, 35)

Diese Analysen machen deutlich, wie weit die gesellschaftliche Wirklichkeit von der Forderung der Unabhängigkeitserklärung (1776) entfernt ist, „that all men are created equal“.

Wahrscheinlich trifft eine scharfsinnige Analyse von HOFSTADTER den Kern des Nachdenkens über Schulen besser als manche bildungspolitisch-humanistische Argumentation.

„Der Glaube an die schulische Ausbildung aller war nicht vorrangig begründet auf einer Begeisterung für die Entwicklung des Verstandes oder auf dem Stolz auf Wissen und Kultur um ihrer selbst willen, sondern vielmehr auf dem vermuteten politischen und wirtschaftlichen Nutzen der Erziehung ..." (HOFSTADTER 1966, 305) Den Traditionalisten, die letztlich den Durchbruch der common schools argumentativ vertreten haben, hält HOFSTADTER andere Interessen vor:

> *„Sie prägten dem amerikanischen Geist die Idee ein, daß eine öffentliche Erziehung unter einer öffentlichen Regierung eine absolute Notwendigkeit ist. Den Wohlhabenden ... stellten sie öffentliche Erziehung dar als die einzige Alternative zu öffentlichem Chaos, zu einer ungelernten und ungebildeten Arbeiterschaft, zu Mißwirtschaft in der Regierung, zu Verbrechen und Radikalismus." (HOFSTADTER a.a.O.)*

Die gegen Ende des vorigen Jahrhunderts weithin akzeptierte Errichtung eines öffentlichen, durch Steuern finanzierten Schulwesens wurde nach 1900 auf den Sekundarbereich, die High School ausgedehnt. Die gleichzeitig immer stärker vertretene Forderung nach „equal opportunities", nach Chancengleichheit, die als bildungspolitische Konsequenz des amerikanischen Demokratieverständnisses zu sehen ist, führte zu einer gewissen Polarisierung der schulpolitischen Diskussion, in der sich Vertreter einer arbeitsmarktorientierten Zielbestimmung (economic benefits of education) und Anhänger einer eher individualistischen Orientierung (citizenship) der High School gegenüberstanden. (Vgl. MOLNAR 1982, 124 ff.)

Diese Auseinandersetzung dauert bis heute an. Je nach bildungspolitischer Position werden dabei die bisherigen Fortschritte unterstrichen oder die Mängel hervorgehoben.

Viele Daten und Beobachtungen im heuten Schulsystem der USA deuten darauf hin, daß die oben genannten kritischen Einschätzungen der Verwirklichung des Bildungsgrechts für alle heute noch zutreffen. Vor dieser Erkenntnis kann man verstehen, daß trotz unzähliger vollmundiger Bekenntnisse von Politikern zur Bedeutung des amerikanischen Schulwesens immer häufiger Gerichte bemüht werden, um das Grundrecht auf gleiche Bildungschancen in den Schulen durchzusetzen.

Von den zahlreichen Gerichtsverfahren, die – meist vor den Obersten Gerichten der Einzelstaaten – von Eltern gegen einen Schulbezirk o. ä. angestrengt wurden, soll hier nur eines dargestellt werden, das in der amerikanischen Schulliteratur als entscheidendes Verfahren in der Verpflichtung der Schulen betrachtet wird, eine gleiche Schulausbildung für alle Jugendlichen, ungeachtet ihrer Rasse, Sprache oder Schichtzugehörigkeit sicherzustellen. (vgl. RAVITCH, S. 114 ff.)

Noch 1896 hatte der Supreme Court in Washington ein Gesetz aus Louisiana für verfassungskonform erklärt, daß die Trennung von Eisenbahnfahrgästen nach ihrer Hautfarbe vorsah. Dieses Gesetz folgte einer politischen Tradition des „separate but equal", das in einer Rassentrennung keine Verletzung des Gleichheitsgebots der Verfassung erblickte.

Erst in dem berühmt gewordenen Fall Brown versus the Board of Education of Topeka (Kansas) wurde 1954 diese Interpretation der Verfassung aufgegeben. Zugunsten der Kläger, schwarzer Bürger aus Topeka, stellte der Oberste Gerichtshof fest, daß öffentliche Erziehung ein Grundrecht sei, „das für jeden unter gleichen Bedingungen verfügbar sein müsse." (nach KNELLER, 186) Das Gericht bezog sich ausdrücklich auf die bis dahin übliche Rechtstradition und erklärte unmißverständlich, daß „im Bereich der öffentlichen Erziehung die Doktrin des ‚getrennt – aber gleich' keinen Platz habe. Getrennte schulische Einrichtungen sind grundsätzlich ungleich." (ebd.)

Die Bedeutung dieses Urteils wird deutlich, wenn man sich vergegenwärtigt, daß mit dieser Entscheidung Gesetze in 17 Einzelstaaten und dem District of Columbia verfassungswidrig wurden und verändert werden mußten. Zwar war damit – negativ – Rassendiskriminierung verboten, eine aktive Aufgabe der Schulen, an der Integration diskriminierter Bevölkerungsteile mitzuwirken, war damit aber nicht formuliert. Dies mußte der Oberste Gerichtshof in einer zusätzlichen Entscheidung 1955 nachholen und den Schuldistrikts auferlegen, Kinder zuzulassen zu den öffentlichen Schulen „ohne rassische Diskriminierung und das so rasch wie möglich." (nach KNELLER, 187)

Erst aufgrund dieses Folgeurteils konnten nun Schulverwaltungen und Schoolboards gezwungen werden, Maßnahmen zur Sicherung einer gleichen Schulausbildung für alle einzuleiten.

„Während der letzten Dekade haben sich Gerichte mit nahezu jedem Aspekt des Schulbetriebs befaßt, z. B. den Rechten des Schülers auf freien Ausdruck, die Schulpflicht und die Pflichtkurse des Lehrplans, die Schulfinanzreform, Beschäftigungsverfahren, Schülerdisziplin, erzieherische Fehlleistungen, geschlechtsspezifische Diskriminierungen, Tarifverhandlungen, Rechte von Beschäftigten zum Schutz ihrer Privatsphäre, Aufhebung der Rassentrennung, und die Rechte von Behinderten oder nicht Englisch sprechenden Schülern. Allerdings werden die Gerichte nicht in schulische Auseinandersetzungen eingreifen, wenn für das Problem eine Legislativ- oder Verwaltungsstelle zuständig ist." (McCARTHY/CAMBRON, 1983)

Besonders in den amerikanischen Südstaaten, sahen sich Schulverwaltungen aber nur selten veranlaßt, ihre Rassentrennungspolitik aufzugeben und ein einheitliches Schulsystem für schwarze *und* weiße Schüler einzurichten. Schwarze Familien mußten das Recht ihrer Kinder auf eine Schulausbildung ohne Segregation weiterhin selbst erkämpfen.

Wie zögerlich die neue Rechtsprechung in die Schulpraxis umgesetzt wurde, verdeutlicht die folgende Zahl: Von 2095 Doppel-Schulsystemen, die getrennte Schulen für schwarze und weiße Schüler vorsahen, waren 5 Jahre nach dem Urteil erst 144 (!) in ein Einheitschulsystem ohne Rassensegregation umgewandelt. 1954, 10 Jahre nach dem 1. Brown-Urteil hatten ca. 20 % der Schuldistrikts Einheitsschulsysteme geschaffen, in die nun knapp 30 000 schwarze Schüler aufgenommen waren (vgl. KNELLER, 187).

Organisatorische, finanzielle und bewußtseinsmäßige Veränderungen folgten erst langsam, sie sind zum Teil heute noch nicht erreicht. „In unseren Großstädten gibt es hunderte von Grund- und Sekundarschulen, deren Schülerschaft zu 90 % schwarz ist. In den letzten Jahren hat die Rassentrennung in diesen Schulen zugenommen, nachdem sich die reicheren Weißen in die Vororte geflüchtet haben." (SIMMONS, in: KNELLER, 189) Zwar haben die Gerichtsentscheidungen dazu beigetragen, daß Grenzen von Schuldistrikts verändert, „weiße Schulen" mit „schwarzen Schulen" gekoppelt, daß umfangreiche Busprogramme zur Vermischung der Schüler eingerichtet wurden, gesellschaftliche Bewußtseinsveränderungen haben sie nur anstoßen, nicht aber durchsetzen können. So kann es nicht verwundern, daß das Bewußtsein darüber, das Schulsystem lasse sich nur unter Einbeziehung der Rassendiskriminierung verbessern, in den USA unterschiedlich verbreitet ist. Noch heute wehren sich Schulbezirke im Süden der Vereinigten Staaten, das Recht auf „equality in education" uneingeschränkt zu verwirklichen.

Als sich Präsident Kennedy 1963 nachhaltig für die gleichen Rechte für alle Amerikaner einsetzte, griff er auf den Brown-Case zurück:

> *„. . . nicht alle Kinder haben gleiche Begabungen, Fähigkeiten oder Lernmotivation. Aber sie alle sollten das gleiche Recht darauf haben, ihre Begabung, ihre Fähigkeiten und Motivationen zu entwickeln, um etwas aus sich zu machen . . . sie haben ein Recht zu erwarten, daß Gesetze fair für alle sind, daß die Verfassung farbenblind ist." (n. RAVITCH 1983, 141)*

Zu dieser Zeit gingen noch ca. 40% der amerikanischen Schüler in nach Rassen getrennte Schulen. Der Weg zu weiterer rassischer Integration war auch nach dem o.g. Urteil noch nicht beendet, die Bilder von den schwarzen Schülern, die in den sechziger Jahren von Polizisten in rassisch gemischte Schulen begleitet werden mußten, sind noch präsent. Auch heute, 35 Jahre nach dem Urteil, ist die Rassenintegration keineswegs erfolgreich beendet, sie hat nur viel differenziertere Formen angenommen.

Es war J.B. CONANT, der schon 1961 feststellte, der Gleichbehandlungsauftrag der Verfassung sei keineswegs erfüllt. Wenn man sich die Entwicklung nach dem Zweiten Weltkrieg ansehe, „hat man Grund, sich über die Zukunft zu sorgen. Das Entstehen von Massen arbeitsloser jugendlicher Neger in übervölkerten Stadtvierteln ist ein soziales Problem, das verglichen werden kann mit dem Aufschichten leicht entzündbaren Materials in einem leeren Gebäude einer Häuserzeile. Hier tut sich Konfliktpotential auf, – wenn nicht sogar Auslöser für eine Katastrophe." (CONANT nach RAVITCH, 150)

Trotz mehrerer Wellen scharfer Kritik an den amerikanischen Schulen, haben nach einer 10jährigen Phase republikanischer Bildungspolitik unter Präsident REAGAN und ihrer Fortsetzung unter George BUSH heute zweifellos die „Traditionalisten" wieder die Oberhand gewonnen. „Back to the Basics" (Zurück zu den Kulturtechniken), Verschärfung der Testanforderungen in den High Schools, Anhebung der Zulassungsvoraussetzungen bei Colleges und Universitäten, Leistungsbezahlung für Lehrer sind nur einige der Vorstellungen, die heute wieder die schulpolitische Diskussion kennzeichnen (vgl.GROSS & GROSS 1985). Sie machen deutlich, daß es auch in den USA von 1990 weiterhin schwierig sein wird, benachteiligte Gruppen der Bevölkerung an den Chancen einer guten Schulausbildung teilhaben zu lassen.

Zwar können sie auch heute – wie in der Vergangenheit – auf die Unterstützung durch Gerichte zählen, dennoch müssen Gerichtsurteile in Schulwirklichkeit umgesetzt werden, und das erfolgt nicht selbstverständlich.

Der Schulalltag hängt nicht nur davon ab, ob die im jeweiligen Schulbezirk verantwortlichen Lehrer, Eltern und Board Mitglieder die „equality of opportunities" in den Schulen verwirklichen wollen, ebenso wichtig ist die Frage, ob sie dies aufgrund der jeweils gegebenen Bedingungen überhaupt können. Noch grundsätzlicher wird dieses Problem, wenn man aus gesamtgesellschaftlicher Perspektive fragt: Ist ein gesellschaftliches Subsystem, ist Schule überhaupt in der Lage, gesellschaftlich gegebene Ungleichheiten, Ungerechtigkeiten in der Verteilung von Vermögen, Bildung, Lebenschancen usw. auszugleichen?

In den USA ist diese Frage seit dem common school movement mit Engagement diskutiert worden, sie bewegt auch heute noch Erziehungswissenschaftler und Politiker und teilt sie in zwei Lager.

„Im Rahmen der Ideologie gleicher Bildungschancen wurde das Leben des Einzelnen als die Teilnahme an einem sozialen Rennen betrachtet, bei dem alle Mitglieder der Gesellschaft von der gleichen Startlinie aus starten, aber das Rennen in unterschiedlicher Rangfolge beenden. Erziehung wurde oft als das Mittel angesehen, das sicherstellen kann, daß alle Mitglieder der Gesellschaft von der gleichen Startlinie aus starten können." (SPRING 1978, 25)

Es ist Gegenstand zahlloser erziehungswissenschaftlicher Untersuchungen und politischer Debatten, ob Schulen, ob insbesondere das amerikanische Schulsystem in der Lage ist, diese Erwartung zu erfüllen. Sie können hier nur in wenigen aktuellen Beispielen dargestellt und charakterisiert werden.

Über ihre Bedeutung für die Schule hinaus bekannt geworden sind die Arbeiten von ROSENTHAL/JACOBSON „Pygmalion in the Classroom" (1968), die nachweisen konnten, daß sich die negativen Erwartungen von Lehrpersonen gegenüber bestimmten Gruppen von Schülern, z. B. gegenüber „Spätentwicklern", im Urteil der Lehrer und im Lernverhalten der Schüler widerspiegeln. Genereller nahm 1966 J. COLEMAN die Frage nach der Leistungsfähigkeit der Schulen auf. Im *COLEMAN-Report* wurde die Frage untersucht, ob die amerikanischen Schulen in der Lage seien, die „Equality of Educational Opportunity" zu garantieren. COLEMAN untersuchte die Frage im Blick auf 5 Merkmale:

- Unterschiede bei verschiedenen Rassen
- Unterschiede hinsichtlich der Schulausstattung
- Unterschiede bei immateriellen Ressourcen (z.B. Wertvorstellungen der Lehrer)
- Unterschiede in der unterrichtlichen Nutzung der Ressourcen
- Beziehungen zwischen ungleichem Output und Ungleichheit der Chancen.

Ein wichtiges Ergebnis des COLEMAN-Reports ist, daß „weiße Kinder im Vergleich zu denen von Minoritäten Schulen mit kleineren Klassen besuchen, die mehr naturwissenschaftliche und Sprachlabore besitzen, mehr Bücher in der Schulbibliothek haben und mehr Möglichkeiten zur

Teilnahme an College-vorbereitenden und fortgeschrittenen Kursen anbieten.“ (SPRING 1978, 41)

Insgesamt mußte COLEMAN eine Überlegenheit weißer Schüler in den meisten Bereichen schulischer Leistungen feststellen. Doch eine genauere Untersuchung dieses Faktums brachte eine überraschende Erkenntnis. Die Unterschiede in der schulischen Versorgung waren nicht der Grund für Leistungsunterschiede in verschiedenen Tests. „Die Schülerleistung . . . stand in einem engen Zusammenhang mit dem Bildungshintergrund und den Erwartungen der übrigen Schüler der Schule.“ (ebd.)

Dieses Ergebnis mußte auf die Verfechter einer „equal schools for equal opportunities“ wie ein Schock wirken. Denn es besagte nichts anderes, als daß die weithin genährte Hoffnung, mithilfe der Schulen in den USA könne das Verfassungsgebot der „equality of chances“ mit Hilfe der Schulen durchgesetzt werden, auf tönernen Füßen stand.

„Schulen könnten unterschiedliche Bildungschancen ausgleichen, indem sie gleiche Lernbedingungen, Lehrpläne und gut ausgebildete Lehrer zur Verfügung stellen. Aber all dies würde nicht das Problem ungerechter und unterschiedlicher Behandlung verschiedener sozialer Klassen und Gruppen und auch nicht das ungleicher Chancen lösen.“ (SPRING a.a.O., 42)

Auch die einige Jahre später veröffentlichte Studie von JENCKS „Inequality“ (1972) bestätigte wichtige Ergebnisse des COLEMAN-Reports. Die Bedeutung des familiären Hintergrundes sowie der übrigen Umwelt könne von der Schule nicht aufgewogen werden, kurz: „. . . die Institution Schule kann keine Chancengleichheit schaffen.“ (ebenda)

An dieser Situation hat sich bis heute wenig geändert. Zentrales Anliegen der politischen Schuldebatte nach dem Kommissionsbericht von 1983 „A Nation at Risk“ war der Wunsch, die Leistungsfähigkeit der Schulen zu erhöhen und so die allgemeine Forderung nach „excellence“, nach Höchstleistung zu erfüllen. Während zahlreiche Erziehungswissenschaftler die Aufgabe als unerfüllbar ansahen, ein Schulsystem aufzubauen, das gleichzeitig Chancengleichheit und „excellence" gewährleistete, sahen andere Schulpolitiker durchaus Chancen dieser Verbindung.

Aber Reformer wie Konservative sind sich heute in der Einschätzung einig, daß das derzeitige Schulsystem diese Forderungen nicht erfüllt. In einer ausführlichen Debatte des Leistungsstandes und der Reformvorschläge der frühen 80er Jahre treffen sich Reformer und Konservative in einer Beurteilung der Schule, die angesichts der zahlreichen gegenläufigen Gerichtsurteile und vieler hoffnungsvoller Reformvorhaben überraschend ist:

> *„Dieses Land hatte ein Schulsystem, das üblicherweise eine bessere schulische Erziehung für Kinder aus Familien mit mittlerem oder gehobenen Einkommen als für solche der unteren Schichten bereitstellte. Noch in allerjüngster Vergangenheit sortierten unsere Schulen Schüler nach ihrer Rassenzugehörigkeit, wobei die Schulen mit einem hohen Schwarzen-Anteil weniger Mittel erhielten, Schulen, die nicht Englisch-sprechende Schüler vernachläßigten, junge Mädchen in berufsvorbereitende Kurse steckten, die zu niedrig bezahlten Arbeitsplätzen hinführten statt zu solchen, für die die männlichen Jugendlichen vorbereitet wurden, und Schulen, die körperbehinderten Schülern eine Ausbildung vorenthielten, obwohl sie intellektuell begabt waren." (BROWN, in: GROSS 1985, 298)*

Die seit Jahrzehnten andauernde Auseinandersetzung um Chancengleichheit und beste Qualität der Schulen weist alle denkbaren Schattierungen auf. In der Schulpolitik der Einzelstaaten werden von einigen mehr Tests verlangt, andere wollen die Anzahl der Tests einschränken, in Einzelstaaten wird der Anteil der Kernfächer in der High School vergrößert (vgl. DICHANZ/EUBEL 1989), während gleichzeitig andere die Allgemeinbildung (general education) stärken, einige Einzelstaaten verschärfen die Anforderungen für den Lehrerberuf, andere bieten Kurzstudien für nicht pädagogisch ausgebildete Personen aus anderen Berufen an, kurz: Das Gesamtbild der schulischen Entwicklung in den USA bleibt bei der Frage der Chancengleichheit widersprüchlich.

Nüchterne Beobachter übersehen in den USA nicht „die sich vergrößernde Kluft zwischen den Kulturen der Ober-

und Unterschicht in Amerika.“ (GUMBERT/SPRING, 1974, 13). Die Schule ist überfordert, diese gesellschaftliche Entwicklung zu stoppen. Auch wenn sich diese Einsicht unter Schulreformern – hüben und drüben – nur schwer und widerstrebend durchsetzen will, der Blick auf einige aktuelle Zahlen der amerikanischen Schulstatistik ist geeignet, Illusionen sehr schnell zu zerstören.

Um dem Leser zumindest einige Anhaltspunkte für eine eigene Beurteilung zu geben, werde ich dieses Kapitel mit einigen statistischen Angaben abschließen, die einiges über die Chancengleichheit verschiedener Bevölkerungsgruppen in den USA sagen. Dabei ist zu bedenken, daß sich die Entwicklungen z. B. in Massachusetts von denen in Missouri, die Tendenzen in New York von denen in New Mexiko unterscheiden, die Schulpolitik in Arizona andere Schwerpunkte hat als die in Kalifornien. Die aufgeführten nationalen Daten mögen sich von regionalen Trends unterscheiden, sie lassen aber über die Jahre hinweg generelle Entwicklungen erkennen. Dies ist insofern nicht verwunderlich, da die High School keine isolierte Institution ist, die von den Entwicklungen in der amerikanischen Gesellschaft abgekoppelt ist. JAMES und TYACK betonen gerade das Gegenteil: „Die High School spiegelte den weit verbreiteten Wunsch, die Gesellschaft zu reformieren, ohne ihre grundlegende Struktur zu verändern oder die Handlungsfreiheit der Erwachsenen einzuschränken.“ (JAMES/TYACK 1983, 401)

Gleichwohl betrachten viele Sozialwissenschaftler das amerikanische Schulsystem, insbesondere die High School als die Institution, die der Idee einer chancengleichen Gesellschaft noch am meisten Beachtung widmet. Allerdings ist es nicht zu übersehen, daß von einem bestimmten Punkt ab „die egalisierenden Tendenzen in der Schule im Gegensatz stehen zum Ethos der Konkurrenz der Tüchtigen, das eine hierarchisch aufgebaute Gesellschaft wie die unsrige formt.“ (diess., 406)

Die Bemühungen darum, das Recht auf gleiche Bildungschancen in den Schulen Amerikas zu realisieren, sind erstaunlich und aufwendig. Sie sind ein Beweis für das Vertrauen, das die amerikanische Gesellschaft in ihre Schulen setzt. Sie bestätigen allerdings auch, daß dieser Schuloptimismus nicht ausreicht, um die Grenzen zu überwinden, die hinsichtlich der gesellschaftlichen Wirkungen von Schule auch in den USA zweifellos vorhanden sind.

3. Einheit und Vielfalt in einem flexiblen Schulsystem

Ich habe in den bisherigen Kapiteln wichtige Grundlagen und Ziele des amerikanischen Schulsystems darzulegen versucht. Dabei sollte deutlich werden, wie wichtig die Realisierung der Forderung nach „equal opportunities", nach Chancengleichheit in der amerikanischen Bildungspolitik ist. Sie findet sich in der amerikanischen Bundesverfassung, in nahezu jeder Verfassung der Staaten, ist durch zahllose Urteile oberster Gerichtshöfe bestätigt und durch zahlreiche schulpolitische Maßnahmen umgesetzt worden. Ich habe auch darauf hingewiesen, daß Schulpolitik, Elternwille und Schulrealität nicht immer und nicht schnell genug den Gerichtsurteilen gefolgt sind.

Der Widerspruch zwischen dem durch die Verfassung garantierten Recht auf Bildung und den zahlreichen gesellschaftspolitischen bedingten Einschränkungen dieses Rechts hat – außer zu immer wieder wechselnden Richtungen sich abwechselnder Reformwellen (vgl. JAMES/TYACK, 1983) – vor allem zu einer bemerkenswerten Vielfalt und Flexibilität der formalen Schulstrukturen geführt, die für unsere Verhältnisse erstaunlich ist. Wenn es den Amerikanern schon nicht gelungen ist, – wohl auch nicht gelingen konnte – ein national einheitlich strukturiertes Schulsystem zu schaffen, das die Forderungen nach Chancengleichheit und Höchstqualität unter einem Dach zu realisieren in der Lage war, haben es die Einzelstaaten und Schuldistrikte doch geschafft, eine solche Vielfalt von Lernangeboten unter dem Dach der High Schools anzubieten, daß auf diese pragmatische – und damit sehr amerikanische – Weise, viele Chancen bestehen, die Forderungen nach gleichzeitiger „equality and excellence" („Chancengleichheit und Höchstleistung") annähernd zu erfüllen – soweit dies in einer Konkurrenzgesellschaft überhaupt möglich ist. Bemerkenswert und vorbildhaft ist dabei, daß trotz unterschiedlicher Curricula und Leistungsprofile der Wert der High School-Diploma überall in den USA anerkannt ist.

Auch wenn sich in einigen Staaten das schulpolitische Bewußtsein, das zur Realisierung besserer Bildungschancen führt, nur langsam ändert, gehen doch viele amerikanische Behörden und Institutionen sehr informell und pragmatisch auf dem Sektor der Schulen mit den Problemen um, die die vorhandenen Institutionen bewältigen müssen. In einer für unsere Verhältnisse erstaunlichen Flexibilität werden Aufgaben umdefiniert, bisher geltende Grenzen verändert, Personengruppen aus- oder eingegliedert, wird Verwaltung kreativ genutzt. Das schon zitierte Motto des früheren amerikanischen Bildungsministers William J. BENNETT in seinem Bericht „American Education" (1988) „Making it work" darf man als Leitmotiv pragmatischer Schulpolitik verstehen.

Die unterschiedlichsten Schulszenen einiger Schuldistrikts scheinen uns ein realistisches und anschauliches Spiegelbild der vielen Lösungsformen zu sein, die in den unterschiedlichsten Regionen der USA zu Gestaltung der Sekundarerziehung entwickelt wurden. Da die Beispiele aus verschiedenen Regionen gewählt wurden, ist eine gewisse Vielfalt, wenn auch keine Repräsentativität gesichert.

Das bunte Bild der Sekundarschulen in ihrer örtlichen Vielfalt hat zwar dazu beigetragen, die Chanchengleichheit zu erhöhen, sicherstellen konnte sie sie aber nicht. Auch wenn noch 1974 ein vom Präsidenten berufenes „Panel on Youth" („Jugendausschuß") gerade die High School als „agency of socialization" einschätzte, erfahren Erziehungswissenschaftler und Lehrer zu oft die Grenzen der Institution Schule. Sie befinden sich in Übereinstimmung mit vielen internationalen Schulforschern, die die Schule als ein gesellschaftliches Subsystem neben anderen sehen, dessen Rückwirkung auf gesellschaftliche Entwicklungen entsprechend begrenzt ist.

Bei einer Betrachtung der gesamtgesellschaftlichen Entwicklungen ist eine vorsichtige Einschätzung der Möglichkeiten der Schule sicherlich angebracht. Gerade in einer Industrienation, in der die Gesetze wirtschaftlichen Wettbewerbs kompromißlos gelten, wie dies in den USA der Fall ist, sind die gesellschaftlichen Funktionen der Schule zweifellos begrenzt. Von ihr durchgreifende Veränderungen gesellschaftlicher Strukturen wie z. B. der Verteilung von Vermögen oder der Teilhabe an Kultur und Bildung zu erwarten, käme einer völligen Überschätzung dieses Subsystems gleich. Andererseits kann der aufmerksame Beobachter nur darüber staunen, wie eng viele amerikanische

Schulen den Bedingungen ihrer politischen Umwelt, der Schulgemeinde, angepaßt sind und wieviel kreative Lösungen hier gefunden werden, die Arbeit der einzelnen Schule den Gegebenheiten und Erfordernissen der Gemeinde, des Schulstandortes, anzupassen. Um dies im einzelnen nachzuweisen, wäre es erforderlich, einzelne Schulstandorte in ihrer Infrastruktur genau darzustellen und im Hinblick auf die schulischen Erfordernisse zu analysieren und daraufhin das Angebot der Schulen zu untersuchen. Dies ist in diesem Rahmen nicht möglich.

Für unseren Kontext ist es schon ausreichend, die Vielfalt des Schultyps High Shool an verschiedenen Orten zu belegen, um deutlich zu machen, wie flexibel dieses Schulangebot in den USA gehandhabt wird und als wie nützlich sich dabei das gemeinsame Dach „High School" erweist, das jegliche Diskussion über die Frage der Anerkennung von Leistungen überflüssig macht.

Ich werde im folgenden lokale Schulsysteme aus Kalifornien, Wisconsin, Kentucky und New York beschreiben, um diese Vielfalt zu belegen. Der aufmerksame Leser wird in diesen Darstellungen zahlreiche Hinweise darauf finden, in welchem Umfang sich die traditionellen Funktionen der Schulen über das Unterrichten und Erziehen hinaus erweitert haben, um in den USA den Bedingungen einer hochindustrialisierten Gesellschaft mit starker Spezialisierung und hoher Mobilität der Arbeitskräfte Rechnung zu tragen.

San Diego Unified School District

Im Süden Californiens bietet der Schulbezirk San Diego City Schools mit insgesamt 150 Schulen aller Stufen Sonderprogramme unter dem Dach der High School an, um besonderen Voraussetzungen, Interessen und Behinderungen der Schüler Rechnung zu tragen: (vgl. San Diego Schools and the City-Prospekt).

1. Achievement Goals Program:

Mithilfe dieses Programms sollen die Leistungen von Schülern in stark ethnisch geprägten Schulen im Lesen und Rechnen verbessert werden. Es ist für ein niedriges Lernniveau konzipiert und benutzt vorwiegend direktive und repetive Unterrichtsformen.

2. Voluntary Ethnic Enrollment Program:

Es wurde bereits eingehend dargestellt (vgl. Kap. 2), wie außerordentlich schwierig es oft ist, die Segregation von Schülern aus ethnischen Minderheiten zu verhindern, wie dies die Gesetze vorschreiben. Schülerintegration ist mit Zwang kaum zu erreichen, deshalb gibt es seit 1977 in San Diego ein Freiwilligenprogramm, das in 42 Schulen mit spezifischem Profil, Magnet-Schulen (vgl. weiter unten in diesem Kap.) Schüler unterschiedlichster Herkunft auf freiwilliger Basis zusammenfaßt.

3. Bilingual Education:

Für Schüler, deren Muttersprache nicht Englisch ist – dies sind in Kalifornien ca. 50 % –, bietet dieses Programm die Chance, in der Muttersprache unterrichtet zu werden. Die Spannweite ist erstaunlich, wie ein Fragebogen der Schulverwaltung zeigt:

Check language(s) for exam(s) you wish to take:

	Code
Armenian	A
Cantonese	C
Japanese	J
Korean	K
Mandarin	D
Persian	F
Philipino	P
Russian	R
Samoan	I
Serbo-Croatian	Y
Vietnamese	V

4. Special Education Program:

Ähnlich wie viele andere Schuldistrikts hat auch San Diego ein umfangreiches Lernprogramm für behinderte Schüler entwickelt, die fast alle in die normalen High Schools integriert sind und bei Bedarf von besonders ausgebildetem Personal unterrichtet werden. Auch Eltern sind in die Gestaltung und Durchführung der Programme einbezogen.

5. Career Education Program:

Dieses Berufsfindungsprogramm beginnt bereits in den Grundschulen mit Informationen über Berufsbilder. Auf der Sekundarstufe schließen sich Berufserkundungen, -orientierungen und -vorbereitungen an, die in enger Zusammenarbeit mit örtlichen Betrieben durchgeführt werden. Von der 10. Klasse an können sich Schüler in ein Programm einschreiben, das zu Handwerks- und einfacheren Büroberufen führt.

Milwaukee Public Schools

Auch die Vielfalt der Schulprogramme in der 1.3 Millionen-Stadt Milwaukee/Wisconsin ist beeindruckend. Während die meisten Grundschulen – wie überall in den USA – für die Kinder des jeweiligen Schulbezirks normalerweise ein vollständiges Curriculum anbieten, haben einige von ihnen Sonderprogramme (z. B. „Open Education“, „Math.-Science-Education“, „Montessori“, „Bilingual-Development“) entwickelt, die für Schüler aus allen Schulbezirken offen stehen.

Vielfältiger und ausgefallener sind die Programme der city-wide High Schools, die ihre Schwerpunkte meist für die Klassen 9 – 12 entwickeln.

City-wide high schools
Business High School
Vocational-Technical School
High School of the Arts

High school career/specialty programs
Transportation

Communications and Media
Continuing Immersion Program

University High School

Tourism, Food Service and Recreation

Agribusiness and Natural Resources
International Studies

Marketing and Word Processing

Applied Technology

Computer Data Processing

Medical Sciences and Health Care

Mathematics/Science
Law and Protective Services

Energy, Environment, and Electronics
Der Milwaukee School District bekennt sich mit diesem Angebot ausdrücklich „zur Unterstützung und Förderung der Chancengleichheit für jeden Einzelnen, unabhängig von seiner Rasse, Farbe, Herkunft, Religion, dem Geschlecht, der nationalen Herkunft, einer Behinderung, dem Alter oder seinem Status als Behinderter oder Veteran des Vietnam-Krieges. Wir erkennen an, daß die Milwaukee Public Schools unvoreingenommen sein müssen in ihrer Bestimmung, die Schulkinder und das Personal in allen Phasen der schulischen Erziehung und der Berufstätigkeit weiterzuentwickeln, und in dem Bemühen, der Verschiedenheit und der Chancengleichheit Rechnung zu tragen." (Milwaukee Public Schools Info 48, 1987, S. 12)

Murray Independent Schools

Natürlich haben es Schulbezirke in großen Städten und größeren Gemeinden leichter, ein umfängliches und variationsreiches Schulprogramm für die Schüler der Region anzubieten. Hier ist es nahezu selbstverständlich, daß die Schulbezirke eine große Variation von unterschiedlichen Lehr- und Lernprogrammen für ihre Schüler zur Verfügung halten. Viel schwieriger ist diese Aufgabe für Gemeinden zu bewältigen, die so klein sind, daß in ihnen pro Schulstufe nur eine Schule zur Verfügung steht, wie dies z. B. in Murray im Westen von Kentucky der Fall ist. Für Murray sind auf der amerikanischen Landkarte keinerlei Besonderheiten bezeichnet, der Ort mit ca. 20.000 Einwohnern ist eine unauffällige Landgemeinde, deren größter Arbeitgeber die Murray State University ist, daneben gibt es nur ein wenig Mittelindustrie. Die drei Schulen des Murray City School District werden von insgesamt 1300 Schülern besucht:

Murray Elementary School (Kindg.- 4 Jg.):	541 Schüler
Murray Middle School (5.-8. Jg.):	368 Schüler
Murray High School (9.-12. Jg.):	405 Schüler

Das sehr rührige Board of Education betont in seiner „Philosophy of Murray Independent Schools“, es sei Aufgabe dieses städtischen Schulsystems, die Schüler zu verantwortungsbewußten und mitarbeitenden Mitgliedern der Gesellschaft zu erziehen, ihnen aber gleichzeitig größtmögliche Entwicklungsmöglichkeiten für ihre individuellen Interessen, Talente und Vorstellungen zu bieten.

„Die herausragende Verantwortung aller im Erziehungswesen Tätigen ist es, jede(n) Schüler/in zu ermuntern, alle Fähigkeiten voll auszuschöpfen.“ (Murray Philosophy and Objectives, 1987, 1)

Aber es bleibt nicht bei diesem in Präambeln üblichen Bekenntnis. In den Zielen für die Murray Middle School wird die Notwendigkeit betont, ein flexibles Schulprogramm zu entwickeln: Wir müssen „anerkennen, daß Schüler mittels unterschiedlicher Lehrmethoden lernen und diese Methoden nutzen, wenn es angebracht ist.“ Wir müssen ermöglichen, daß „Schülern eine Vielzahl von Kursen zur Lehrplanerweiterung angeboten wird zur Entwicklung von Fähigkeiten und zur Erkundung von Berufsmöglichkeiten“ (a.a.O., 5)

Diese Leitlinien finden sich in Curricula der einzelnen Murray Schools, so klein sie sein mögen, wieder: Die Murray Schools bieten u. a. folgende Spezialprogramme an:

Murray Elementary School:

- *Writing To Read* – ein computergestütztes Lernprogramm zum Erlernen des Lesens und Schreibens für Kinder aus dem Kindergarten und dem ersten Schuljahr.
- *Computer laboratory* – Einführung in einfache Computertechniken.
- *Afterschool enrichment classes* – freiwillige Förderangebote in Fremdsprachen, Schach, Gesundheitserziehung, Kunsterziehung usw.
- *Talents Unlimited Program* – Förderprogramme für besonders begabte Grundschüler.

Murray Middle School:

- *Skills für Adolescents* – Gesundheitserziehungsprogramm für das 6. bis 8. Schuljahr.
- *Robotics technology* – Einführung in den Umgang mit computergesteuerten Robotern.
- *Chess club* – Schachklub.
- *Duke Talent Identification Search* – Testprogramm zur frühzeitigen Erkennung besonders begabter Schüler.
- *Afterschool enrichment program* – extra-curriculare Angebote in Gesundheitserziehung, internationaler Kultur, Kunst.

Murray High School:

- *Advanced Placement program* – Förderkurse für begabte Schüler, die die Befreiung von Collegekursen zur Folge haben können.
- *Video club* – Einführung in die Videotechnik.
- *„Early bird“ courses* – Frühaufsteherkurse für Lerngegenstände mit kleinen Lerngruppen.

So selbstverständlich das eine oder andere Angebot dieser Curricula für einen größeren Schulbezirk sein mag, so überraschend und erstaunlich ist die Selbstverständlichkeit, mit der sich ein Schulbezirk wie der in Murray der Aufgabe zuwendet, im Rahmen seiner Möglichkeiten flexible Angebote zu errichten, die den vielfältigen Interessen und Begabungen der Schüler ebenso Rechnung tragen wie Bedürfnissen, die aus der Gemeinde an die Schulen herangetragen werden. Mehrfach wird in der „Philosophy of Murray Schools“ betont, daß es Aufgabe der Schulen sei, „ein Schulprogramm zu entwickeln, das nie als endgültig betrachtet, sondern fortwährend weiterentwickelt wird, um die sich wandelnden schulischen Bedürfnisse zu befriedigen.“ (a.a.O., 8) Dabei wird ausdrücklich die enge Verbindung der schulischen Aufgaben mit Entwicklungsaufgaben in der Gemeinde betont. „Wie die Industrie benötigen auch Schulen neue Ideen, um Schritt zu halten mit einer sich wandelnden Welt (. . .). Aber öffentliche Schulen haben nicht die Mittel, um neue Ideen auszuprobieren. Mit privaten, freiwilligen Spenden für unsere öffentliche Erziehung können unsere Schulen mehr tun und noch wirkungsvoller arbeiten als in der Vergangenheit.“ (The Murray Independent School District, Murray o. J.)

New York City High Schools

Der Präsident des New York City Board of Education wendet sich in seinem Verzeichnis der Schulangebote 1989/90 in chinesischer, französischer, italienischer, russischer, spanischer und vietnamesischer Sprache an zukünftige Schüler. Er umschreibt damit eine Gruppe von Schülern, für die das New York City School-system Sonderprogramme zur Verfügung hält: Schüler mit beschränkten Englischkenntnissen. In insgesamt 102 High Schools (Academic and Vocational Program) weiteren 18 Alternativ High Schools und 14 High Schools mit Sonderprogrammen bietet die City of New York in den Stadtteilen Brooklyn, Queens, Staten Island, Manhattan und Bronx eine bunte Schullandschaft mit vielen Sonder- und Zusatzprogrammen an. „Schüler aus bestimmten Gebieten der Stadt können im Rahmen des Optional Asignment Program Schulen außerhalb ihrer

Schulbezirke zugewiesen werden. Hiervon gibt es 13 Programme in New York City. Der Zweck dieser Programme ist es, eine Überfüllung einzelner Schulen zu vermindern und/oder die Integration zu fördern und/oder begabten Schülern mehr Möglichkeiten der Schulwahl zu geben. Beruflich-technische, sonderpädagogische, besondere pädagogische und alternative Angebote sind weitere Wahlmöglichkeiten für die Schüler. Alle diese Schulen bieten besondere Kursprogramme für spezielle Berufs- und Beschäftigungswünsche für besondere fachliche Interessen an." (New York City Board of Education 1988/89)

Die Wahlprogramme (optional programs) verschiedener High Schools beziehen sich sowohl auf berufsvorbereitende wie auf akademische Schwerpunkte. Hierzu gehören z. B. Kommunikationstechniken, Computernutzung, Ozeanographie, Gesundheitsdienste. Einige besonders spezialisierte High Schools konzentrieren sich z. B. auf Musik und Kunst, naturwissenschaftliche Lernprogramme oder technische Ausbildungsprogramme. High Schools, die sich derart spezialisiert haben, verlangen einen Eingangstest.

Einige in den Vereinigten Staaten nicht überall dermaßen ausgebaute berufsschulische und technische Programme bieten in New York Vorbereitungs- und Trainingskurse für etwa 70 Berufe an, die teils in Vollzeitschulen, teils in Verbindung mit örtlichen Betrieben durchgeführt werden. Die Vielfalt dieser Berufsverbindungen veranschaulicht eine Übersicht der Sektoren (Cluster), die von NY-City High Schools angeboten werden.

Die Alternativ High Schools oder High School mit special program kümmern sich besonders um Schüler mit Lernschwierigkeiten, verursacht durch die verschiedensten Behinderungen. Sie konzentrieren sich in der Regel auf den Erwerb der kulturellen Grundtechniken und versuchen, bei den Schülern ein positives Lernverhalten aufzubauen. Meist arbeiten an diesen Schulen zusätzliche Lehrer und natürlich Spezialisten, die in der Lage sind, sprach-, hör- und lernbehinderte Schüler zu betreuen. Die special educational programs werden oft in Verbindung mit Erwachsenenbildungszentren angeboten. Doch alle die unterschied-

HIGH SCHOOL CLUSTERS

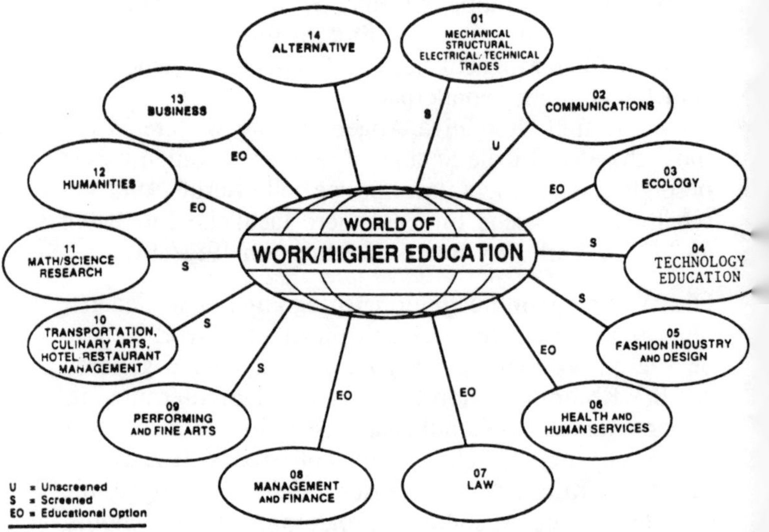

lichen Typen von High Schools stellen eins sicher: „Alle in dieser Liste aufgeführten High Schools werden Dich auf den High-School-Abschluß vorbereiten." (Directory, 10)

Was dieses High School Diploma fachlich-inhaltlich bedeutet, geht aus der folgenden Übersicht hervor, die die Anforderungen für die Graduation in New York City zusammenfaßt. Auch wenn diese Liste keinen detaillierten Einblick in die Inhaltsanforderungen zuläßt, vermittelt sie doch einen ungefähren Eindruck von den Erfordernissen, die zum High School Diploma führen.

Zwar muß auch hier wieder erwähnt werden, daß sich die Anforderungen von Schulbezirk zu Schulbezirk, von Einzelstaat zu Einzelstaat unterscheiden können, dennoch gibt die Liste einen ungefähren Eindruck der High School-Anforderungen. Auch die Zahl der erforderlichen Kurse ist nicht in allen Einzelstaaten oder Schulbezirken gleich, einige wenige von ihnen geben sich mit einer geringeren Zahl von Kursen zufrieden, andere – wie z. B. Californien – verlangen 21 bis 22 Jahreskurse. Dabei werden vor allen Dingen fremde Sprachen und naturwissenschaftliche Kurse stärker betont.

HIGH SCHOOL GRADUATION REQUIREMENTS

Every graduate of a New York City public high school receives a diploma. Graduates may earn New York State Regents endorsed diplomas. (See „Regents Endorsement".) Schools may grant local endorsements for achievement and/or school citizenship.

REQUIRED SUBJECT AREAS		*Units*
• *English*		*4*
Communication Arts, including continued emphasis on listening, speaking, reading and writing.		
• *Social Studies*		*4*
Clobal History	2 units	
American Studies	1 unit	
Economics	1/2 unit	
Participation in Government	1/2 unit	
• *Science*		*2*
• *Mathematics*		*2*
• *Introduction to the Humanities*		*2*
Art	1/2 unit	
Music	1/2 unit	
Second Language	1 unit	
• *Health and Physical Education*		1/2
Health Education	1/2	
Physical Education (in accordance with the regulations of the State Education Department)		

Unit Sequences *2-5*

Each unit equals two terms of work. Students must complete either

- *two* three unit sequences (six terms of work) in mathematics, science, a second language, art or music;

or

- *one* five unit sequencc in English or social studies *and one* three unit sequence in mathematics, science, a second languagc, occupational education*, art or music

or

- *one* five unit sequence in mathematics, science, a second language, occupational education, art or music.

- Remaining units are available as free electives 1/2-3 1/2
- *Total Units* *20*

(eine Unit = 2 Halbjahreskurse, = 1 Schuljahr)

Der Vollständigkeit halber sei erwähnt, daß es auch im Schulbezirk New York City inzwischen ein High School Diploma mit Auszeichnung (Regents endorsement) gibt. Es wird an solche Schüler verliehen, die in Englisch, amerikanischer Geschichte, einer Fremdsprache, Mathematik, Naturwissenschaften und einem Wahlfach die Anforderungen eines zusätzlichen Examens bewältigen. Diese Schüler müssen auch mehr als 20 Kurseinheiten belegt haben.

Die an verschiedenen Beispielen dargestellte Differenzierung des schulischen Lehrangebots von High Schools in den USA verfolgt im wesentlichen zwei Ziele:

1. Die Curricula, Pflichtkurse wie Wahlpflichtanteile, sollen dem einzelnen eine allgemeine Grundbildung vermitteln, die auch Bezüge zur örtlichen Berufswelt enthält.
2. Das schulische Unterrichtsangebot soll den Verfassungsauftrag und die Auflagen verschiedener Gerichtsurteile verwirklichen, allen Schülern ohne Ansehen von Herkunft, Geschlecht, Rasse, Sprachzugehörigkeit oder Religion gleiche Bildungschancen zu ermöglichen.

Die Betrachtung der dargestellten Bildungsangebote belegt, wie stark sich die einzelnen Staaten oder Schulbezirke, ja einzelne Schulen um die Verwirklichung dieser Aufgaben bemühen. Wenn auch das Engagement für das Recht auf gleiche Bildungschancen unterschiedlich und nicht überall mit gleichem Einsatz erfolgt, insgesamt gesehen sind die Anstrengungen vieler Schulen und Schulbezirke bemerkenswert. Dabei überrascht nicht nur das an den Beispielen ersichtliche vielfältige Angebot. Seit Beginn der 80er Jahre versuchen immer mehr Schulen, sich ein eigenes Profil zu erarbeiten, das sie von anderen Schulen unterscheidet und attraktiver erscheinen läßt. Dabei gibt es verschiedene Ansätze.

Magnet Schools

Eine der Ideen, mit denen die Vielfalt und Flexibilität amerikanischer Schulen in vielen Städten gefördert wird, ist das Konzept der Magnet Schools (vgl. WEIß 1989). Von New

York bis San Francisco, von Salt Lake City bis New Orleans werden Schulen ermuntert, ein pädagogisch und curricular eigenes Gesicht zu entwickeln. Ein Blick auf die Schullandschaft einiger Bezirke beschreibt dies plastisch.

Seit Anfang der 80er Jahre ist der San Diego Unified School District dabei, sein städtisches Schulsystem im Sinne des Magnet Program umzustrukturieren.

„So hat z. B. die Woodrow Wilson Middle School geplant, im nächsten Herbst eine Magnet-School zu werden. Über mehr als ein Jahr haben die Lehrer darüber beraten, was der Schwerpunkt des Magnet-Programms werden sollte. Sie haben außerdem angefangen, die Schule so umzuorganisieren, daß die Lernumgebung zeitweilig Unterbrechungen der Kurse zuläßt." (LYNN/HOLSON 1989, 8)

Dieses Verfahren ist Programm: Die Schulverwaltung ist nicht länger mehr als Befehlszentrale, die Schulen sind nicht mehr als Befehlsempfänger tätig, sie müssen zusammenarbeiten. „Die Aufgabe der zentralen Schulverwaltung (der Superintendents) war zu helfen, nicht zu verurteilen." (ebenda) Eine Magnet School zu werden, bedeutet für ein Schulsystem, sich ein eigenes pädagogisch-curriculares Profil zu geben. Dies ist nicht ohne die entscheidende Mitwirkung von Lehrern, Eltern, Schulleitern und Schülern und nur in Zusammenarbeit mit der Schulverwaltung möglich. Es führt aber zu Lösungen, in denen nicht nur das Kursangebot im Vergleich zur Nachbarschule unterschiedlich ausfällt, es kann auch die gesamte Schulorganisation betreffen. Ein Beispiel hierfür ist die Umformung der „Linda Vista Elementary School" in San Diego.

Linda Vista Elementary

„Linda Vista Elementary School, for instance, has completely redesigned its curriculum. In the morning, students are grouped by language proficiency, rather than age or grade level. During that time, every child receives social-studies instruction in his or her first language. They also receive intensive instruction in the basic skills.

In the afternoon, children in grades 1-2, 3-4, and 5-6 work within heterogeneous groups of mixed language ability, gender, and ethnic background.

This time period is devoted to special subjects, through which children rotate every three weeks, including science and music, physical education, and art.

Afternoon classes may have as many as 35 or 40 students and several teachers. In the morning, classes are small – a reduction the school achieved, in part, by hiring part-time teachers and placing bilingual-education and Chapter 1 teachers within the regular classroom.“

Quelle: Education Week, March 8, 1989, S. 9

Während die Linda Vista Elementary School besonderen Wert legt auf eine sprachliche und soziale Integration von Schülern unterschiedlicher ethnischer Herkunft, konzentrierte die benachbarte Woodrow-Wilson-Middle School ihr pädagogisches Konzept darauf, zwischen Schülern und Lehrern eine persönlichere, weniger anonyme Athmosphäre herzustellen. Deshalb wurde die Schulorganisation – bisher bezogen auf die gesamte Schule – untergliedert in drei Schulhäuser, auf die sich nun viele der unterrichtlichen, sozialen und organisatorischen Maßnahmen beziehen.

Mission Bay High School ist mehr daran interessiert, die zeitliche Ordnung der Kursstunden so umzuorganisieren, daß sich die Schüler länger in den getrennten Kursen treffen. Das individualisierende Kurssystem behindert in vielen Fällen das Zustandekommen von Gruppenorganisationen oder Gruppenbewußtsein, in dem sich die Schüler ein wenig zu Hause fühlen können. Mission Bay High School hat außerdem ein Programm entwickelt, um die hohe Quote von Schulabbrechern im neunten Schuljahr zu reduzieren – eine Magnet-Idee neben vielen anderen. Mit den Magnet-Schools scheint es vielerorts zu gelingen, die Ideen von „equity“ und „excellence“ gleichzeitig zu verwirklichen (vgl. WEIß, a.a.O., 24).

Die Zusammenarbeit der Schulen

Natürlich sind alle Schulstufen (Elementary School, Middle School, High School) normalerweise so ausgestattet, daß sie den Schülerinnen und Schülern ein vollständiges Lehrprogramm anbieten können. Es kommt aber vor, daß vor allem im Bereich der Wahlfächer (electives) die Zahl der Schüler einer Schule nicht ausreicht, um z. B. einen Kurs Latein II (Fortgeschrittene) oder Chemie II (Fortgeschrittene) einzurichten. In solchen Fällen ist es kein Problem, Kontakte mit einer der Nachbarschulen aufzunehmen, um das fehlende Unterrichtsangebot doch für die Schüler sicherzustellen. Diese Schüler werden dann Teilnehmer ausgewählter Kurse der Nachbarschule.

Die enge Kooperation der Schulen beginnt oft schon nach Ende der Elementary School, wenn die Schüler in der Middle School oder Junior High School aus mehreren Wohnbezirken zusammengefaßt werden. Ob es dann um intensive Lernkurse oder besondere Wahlangebote (z. B. Golf, Bogenschießen, Schach, Kammermusik o. ä.) geht, spielt dabei keine Rolle. Die Schulen achten von sich aus darauf, ein möglichst vielfältiges Lehrangebot sicherzustellen, damit ihre Schule attraktiv bleibt. Bei der Feststellung der Bedürfnisse der Schüler wie eventueller Lücken im Lehrangebot spielt der Schullaufbahnberater (Councelor) der Schule eine wichtige Rolle. Er erfährt am ehesten von den Schülern, wo Lehrangebote fehlen, hat normalerweise die besten Kontakte zu anderen Schulen und kennt sich bei kooperativen Aufgaben bestens aus. Aber auch der örtliche Schulrat (Superintendent) und das Schoolboard, die ja für alle Schulen im Schulbezirk zuständig sind, achten auf eine reibungslose Kooperation zwischen den Schulen.

Dabei ist es erstaunlich, wie oft diese Kooperation auch über den engeren Rahmen der Schulen hinausgeht. So konnte ich beobachten, daß ein mathematisch begabter Schüler einer High School, der alle im Schulbezirk verfügbaren Pflicht- und Wahlpflichtangebote der High Schools in Mathematik bereits am Ende des 11. Schuljahrs durchlaufen hatte, nach Bemühungen des Councelors zum Anfangssemester der örtlichen Universität zugelassen wurde. Die Bildungsfähigkeit dieses Schülers sollte nicht durch die organisatorischen Grenzen des Schulsystems eingeengt werden.

Die Community Colleges

An der Nahtstelle zwischen der High School und dem, was die Amerikaner „higher education“ nennen, hat sich an vielen Orten der Vereinigten Staaten seit den 50er Jahren eine wichtige neue Einrichtung etabliert: die Community Colleges. Man könnte sie als Sekundarstufen II-Schulen verschiedenster Prägung bezeichnen. In ihnen sind allgemeinbildende und berufsbildende Aufgaben ebenso vereint wie Maßnahmen der Weiterbildung oder der Freizeitgestaltung. Auf typisch amerikanische Weise verwirklichen sich in ihnen die Grundsätze, daß Schule in den Vereinigten Staaten von der Gemeinde zu tragen ist und gleichermaßen der Gemeinde zu dienen hat.

Die in Deutschland in den letzten Jahren zu beobachtende Umorientierung der Schulpolitik zur Gemeinde und zum Stadtteil hat ihre Impulse aus der englischen Tradition der community schools erhalten. Doch auch die Geschichte der amerikanischen Community Colleges geht bis zum Anfang dieses Jahrhunderts zurück.

Die vor 1900 einsetzende Industrialisierung der USA vergrößerte den Bedarf an Arbeitskräften, die über den High School-Abschluß hinaus qualifiziert waren. Für eine erhöhte soziale Mobilität waren mehr Einsichten und eine weitergehende Motivation erforderlich, um im Rahmen politischer Chancengleichheit den veränderten Bedürfnissen des gesellschaftlichen Wandels gerecht zu werden. Die Universitäten selbst erkannten die Notwendigkeit neuer Strukturen und wirkten an der Entwicklung von Institutionen am Übergang von der High School zu den Colleges mit: den Community Colleges (vgl. RAU 1984, 36 ff).

Mit einer stärkeren Ausrichtung an qualifizierter Berufsausbildung unter Einbeziehung regionaler und lokaler Betriebe u. ä. wurde nach dem 2. Weltkrieg durch eine Kommission der Regierung TRUMAN die Bindung der Colleges an die Region, die Gemeinde erneut betont und die Notwendigkeit flexibler Organisation unterstrichen:

„Welche Gestalt ein Community College auch immer haben mag, sein Zweck ist es, schulische Dienstleistungen für die gesamte Gemeinde bereitzuhalten. Diese Aufgabe erfordert eine Vielfalt von Funktionen und Programmen.“ (LEVINE 1978, 621)

Diese Aufgabe haben die Community Colleges akzeptiert und mit Kreativität und Flexibilität ausgebaut.

„Der Erfahrungsreichtum der Community Colleges, die langjährige Praxis und Vertrautheit mit den Eigenheiten der Erwachsenenbildung . . ., die hohe Flexiblität bei der Bereitstellung von Lehrangeboten, die explizite und gezielte Rücksichtnahme auf die Lebensbedingungen der Studenten . . ., die häufig auf die Vereinbarkeit von Studium und Berufstätigkeit angewiesen sind, und nicht zuletzt die geringen Kosten des Studiums verbessern . . . in der gegenwärtigen Lage die Konkurrenzsituation der Community Colleges gegenüber anderen Einrichtungen.“ (RAU a.a.O., 47)

Die Betrachtung eines Beispieles unterstreicht diese Einschätzungen.

Orange Coast College (California)

Südlich von Los Angeles und Santa Ana liegt das Orange Coast College, ein typisches Community College der 50er Jahre. In Verbindung mit dem Coast Community College, dem Golden West College, und dem KOCE-TV-Channell Fifty (Bildungskanal) bildet es den Coast Community College District. Im Frühjahr 1988 waren über 50.000 Studierende in diesen Colleges eingeschrieben. Für ihr Studium mußten sie pro Semester 3.260 $ aufbringen, dazu noch die Lebenshaltungskosten im einem dieser Orte. Orange Coast College liegt in einem District mit rd. 670.000 Einwohnern. Im Jahre 1988/89 betrug das College Budget 104 Mill. $, von denen gut 50 % vom Staat Californien aufgebracht wurden, etwa 44 % mußten über die örtlichen Grundsteuern beigebracht werden, und nur knapp 3 % des Budgets kam von der Bundesregierung in Washington.

Der werbewirksame Stil, mit dem das Orange Coast College seine Aufgaben, Arbeitsmöglichkeiten und Bildungsangebote beschreibt, gehört zum bildungspolitischen Konkurrenzkampf, dem sich auch die Community Colleges stellen müssen.

ORANGE COAST COLLEGE - - -
A GREAT PLACE TO LOOK !

If you are exploring educational options, take time to look at Orange Coast College. You'll be glad you did!

OCC is one of the largest single-campus community colleges in the nation. Spanning 210 acres, its curriculum includes 240 highly-ranked academic and vocational programs, taught by an exceptional faculty.

More than 500.000 students have attended Orange Coast since it opened in 1948, and 40 percent of the residents of the Coast Community College District have received some or all of their higher education at OCC.

Orange Coast serves its students in many ways. Students planning to earn four-year-university degrees may complete their first two years of study at OCC. Students interested in specialized vocational careers may complete degrees or certificates in dozens of different fields, all of which can lead to well-paying jobs.

Students who wish to upgrade their skills to meet the vital needs of local business and industry will find that OCC provides up-to-the-minute information using state-of-the-art equipment.

Thousands of Orange County residents look to OCC as a source of cultural enrichment. Each year the college serves up an exciting menu of music and theater, dance and athletics, lectures and seminars, and concerts and community meetings.

Students like OCC's informal and friendly atmosphere, and say that „reputation", „academic quality", and a „superb teaching faculty" are the major pluses of an OCC education. . . .

What are the students like? A wide mix of ethnic groups and cultures are represented in the student population. Though there are more 18-year-olds than any other single age group, OCC's students come in all ages. The „average" Orange Coast student is 28 years old. Forty-one percent of the student population is older than 26, and nearly 2.000 students are above age 46.

DAS OCC BIETET WEITERBILDUNGSKURSE MIT ZERTIFIKAT IN FOLGENDEN BEREICHEN AN:

Agriculture and Environment
Architecture and Environmental Design
Business and Office
Communication Arts
Distribution, Marketing and Display
Health
Management
Processing, Manufacturing and Development
Repair and Construction
Services (Personal and Public)

DANEBEN KÖNNEN STUDENTEN IN ZAHLREICHEN FÄCHERN ABSCHLUßZERTIFIKATE ERWERBEN, DIE VON COLLEGES UND UNIVERSITÄTEN ANERKANNT WERDEN (transfer courses):

Agriculture
Architecture
Business
Communications
Engineering and Computer Science
Fine & Applied Arts
Health Sciences
Home Economics
Mathematics
Physical and Recreational Education
Science
Social Science
Technology

Das „OCC-Career and Certificate Program" als ein berufsschulisches/berufsfachschulisches Programm läßt am deutlichsten die engen Verbindungen der Ausbildungsangebote des Community Colleges mit der Region erkennen. Für nahezu alle berufsbezogenen Kurse gibt es Kooperationen mit lokalen oder regionalen Firmen, Verwaltungen oder Betrieben. Die Zusammenarbeit mit diesen späteren Arbeitsplatzmöglichkeiten ist für die Schule so selbstverständlich wie es für die meisten Betriebe und Geschäfte selbstverständlich ist, eng mit dem Community College zusammenzuarbeiten. Die engen Verbindungen zwischen Region/Gemeinde und dem Community College spiegeln sich auch in der Zusammensetzung des Board of Trustees, des Verwaltungsbeirates des Community College wider. Seine fünf Mitglieder sind alle Vertreter regionaler Wirtschaftsunternehmen oder Verwaltungen, die gemeinsam mit einem Studentenvertreter die Grundlinien der Bildungspolitik des College im Rahmen der gesetzlichen Aufträge bestimmen. Für viele Geschäftsleute ist es eine selbstverständliche Aufgabe und Auszeichnung, sich für die Belange ihres Community College zu engagieren. Hier läßt sich eine ähnliche Mitwirkungsbereitschaft beobachten, wie sie an anderer Stelle für die School Boards beschrieben wird (vgl. Kap. 4). Es ist allerdings nicht zu übersehen, daß diese engen Bindungen an den Arbeitsmarkt auch starke Einflußnahme der Wirtschaft auf die Schulziele bedeuten.

MATC – ein Regionalcollege der Erwachsenenbildung

Einen besonders anschaulichen Eindruck von der Vielfalt und Flexibilität amerikanischer Bildungsinstitutionen verschafft die Betrachtung eines der vielen Regionalcolleges, die als Institutionen der Erwachsenenbildung zwischen dem öffentlichen Schulwesen, berufsschulischen Einrichtungen und den Junior Colleges stehen. Eines der größten dieser Colleges in den USA ist das Milwaukee Area Technical College (vgl. DICHANZ/CIMPERMANN 1984) im Staat Wisconsin. Das MATC wurde 1910 als „Technical College", als Technische Fachschule errichtet. Seine ursprüngliche Aufgabe als Berufsvor- und Ausbildungsstätte für Jugendliche und Erwachsene ist mehrfach erweitert worden. Heute stellt es eine Aus- und Fortbildungsstätte im tertiären Bildungsbereich mit mehr als 40.000 Studenten und einem umfangreichen, vielfältigen Programm dar. An ihm studieren Hausfrauen, Auszubildende, Vietnam-Veteranen, Einwanderer, Banklehrlinge. Die einen wollen den verpaßten High School-Abschluß nachholen, andere erhalten hier neben ihrer beruflichen Ausbildung eine theoretische Berufsqualifikation, wieder andere versuchen eine Umschulung, lernen Englisch als neue Muttersprache, werden im Business Program, in Buchhaltung, allgemeiner Verwaltung, Datenverarbeitung und Marketing ausgebildet, lernen in einem Lehrlingsprogramm in Verbindung mit der örtlichen Handelskammer (Chamber of Commerce) für einen ausgewiesenen Lehrberuf oder absolvieren in einem College-Parallel-Program in einigen ausgewählten Fächern die ersten zwei Jahre ihres Universitätsstudiums. Gerade diese letzten Kurse belegen, wie wenig amerikanische Institutionen Probleme mit der Kooperation und ihrer formellen Einrichtung haben. Berührungsängste oder Sorgen um die angemessene Reputation bestehen nicht. Das Gesamtprogramm zeigt folgende Hauptarbeitsgebiete:

Berufsvorbereitung, technische Ausbildung zum Eintritt in den Arbeitsmarkt, Associate Degree Programm	45 %
High School- u. Erwachsenen-Nachschulprogramme	20 %
Erwachsenen-Berufskurzprogramme, Zertifikats- und Diplomprogramme	30 %
College-Parallel-Programme (2-Jahres-Kurse in ausgewählten College-Fächern)	5 %“

(DICHANZ/CIMPERMAN 1984, 44)

Natürlich hat man im MATC auch längst die modernen Medien entdeckt, die in einem „College of the Air“ über zwei Kabelkanäle wöchentlich ca. 30 Sendestunden Kurse ausstrahlen. In vieler Beziehung wird hier der Einsicht Rechnung getragen, „daß das Lernbedürfnis eines Erwachsenen immer weniger von vorhandenen Schulstrukturen bestimmt wird und ihnen entspricht. Lebens- und Lernumwelt, erst recht die Bedingungen der Arbeitswelt verändern sich heute zu schnell, als daß sie sich in starren Ausbildungsstrukturen abbilden, ‚versäulen' ließen. In der Erwachsenenbildung noch weniger als in anderen Schul- und Lernbereichen können Organisationen und Institutionen ein isoliertes, ein für allemal definiertes Eigenleben führen" (DICHANZ/CIMPERMANN, 45).

Schon die nähere Betrachtung der amerikanischen High School in ihren zahlreichen Variationen ließ erkennen, daß ein Einheitsschulsystem keineswegs ein uniformes Bildungs- und Ausbildungsprogramm zur Folge haben muß. Die Sicherheit der Anerkennung des Abschlusses, des High School Diploms, ermöglicht es geradezu, viele Programme anzubieten und verschiedene Wege zu gehen, um zu diesem allseits anerkannten Abschluß zu kommen. Der Übergang von der High School zu anderen Schul- und Ausbildungsformen macht erst recht die Vorteile eines in seiner Grundstruktur organisatorisch fixierten, in seiner Ausformung aber vielfältig flexibel gestalteten weiterführenden Schulsystems deutlich.

Allerdings lassen jüngste Reaktionen der Elternschaft erkennen, daß es wohl immer nur Annäherungen an erklärte Schulziele gibt. Die in zahlreichen Schulbezirken praktizierte Form der Differenzierung z. B. durch Magnet Schools wird inzwischen von Eltern aus ethnischen Minderheiten als eine Form des „tracking", der Selektion empfunden. Nachdem sich herausgestellt hat, daß auch in den verschiedenen Magnet-Programmen Schüler indirekt nach Herkunft, Fähigkeiten, sozialer Zugehörigkeit etc. selektiert werden, stehen vor allem Eltern von schwarzen oder spanisch- sprechenden Kindern der Magnet-Idee skeptisch gegenüber (z. B. in Alabama). „We want the real stuff!" – Sie fordern für ihre Kinder die gleichen anspruchsvollen Programme wie die, die z. B. in den Magnet Schools für begabte Schüler angeboten werden, in der sich die Mehrheit der weißen Schüler findet. Berufsvorbereitende Programme, die bevorzugt für farbige Schüler eingerichtet werden, sind für sie eine verdeckte Form der Segregation.

Die Frage, ob ein Einheitsschulsystem einem gegliederten Schulsystem vorzuziehen sei oder nicht, habe die Amerikaner pragmatisch kompromißhaft, aber in vielen Fällen überzeugend beantwortet: Vielfalt in der Einheit. Dieses Grundprinzip stellt sicher, daß individuelle Bildungsbedürfnisse ebenso befriedigt werden können wie regionale Ausbildungsanforderungen, daß schulische Ausbildung sich in der Tat abspielt in der Spannung zwischen Individuum und Gesellschaft.

Während es in Deutschland eher üblich ist, Schulen als geschlossene bürokratische Systeme zu betrachten, die sich z. B. unter bürokratischem Aspekt nur wenig von Verwaltungshierarchien oder anderen geschlossenen Institutionen unterscheiden, wird in den USA in jüngster Zeit eine Betrachtungsweise bevorzugt, in der Schulen als „offene Systeme" betrachtet werden. Damit werden sie stärker als politische Systeme angesehen, deren wichtigste Variablen die Komponenten „System, Umweltbeziehungen, Aktivitäten und Rückmeldungen" (system, environment, response, feedback) sind (vgl. CAMPBEL u. a. 1985)

Stärker als eine Betrachtung von Schulen als bürokratische Systeme unterstreicht diese Sichtweise, „the interdependence between an organization and its environment" (CAMPBEL 1985, 4). Im Hinblick auf die in diesem Kapitel thematisierte Flexibilität von Schulsystemen bestätigt diese Sichtweise, wie eng Schulen mit ihrer Umgebung verbunden sind, und wie stark sie auf Signale aus dieser Umwelt reagieren können. „Zum Beispiel werden Bedenken der Eltern gegenüber Schulbüchern oder freien Arbeitsgemeinschaften (extracurricular activities) nicht notwendigerweise auch die Bedingungen an einer anderen Schule betreffen. Oder Bedenken des Lehrerkollegiums einer Schule werden sich grundlegend von denen an einer anderen Schule unterscheiden." (a.a.O., 6)

Diese Flexibilität bedeutet auch, „daß es für die zentrale Schulverwaltung schwierig ist, gleichartigen Beschwerden mit unterschiedlichen Reaktionen im ganzen Schulbezirk zu begegnen." (ebenda). So betrachtet stärkt die Mitwirkung der Gemeinden und Kreise an der Schulpolitik auch die gesamte Infrastruktur. Sie ist, wie auch jüngere schultheoretische Analysen infrastruktureller Probleme in Verbindung mit der Gesamtschule in Deutschland zeigen, bildungsplanerisch nur schwer faßbar, gleichwohl praktisch schulwirksam.

„Die Beispiele zeigen, daß sich die Entwicklung einer Schulart wie auch einer einzelnen Schule unter Rahmenbedingungen vollzieht, die bewußter Steuerung nur begrenzt bzw. nur zum Teil zugänglich sind. Hier sind insbesondere die demographischen, rechtlichen und sozialen Randbedingungen zu nennen, die die Rekrutierung der Schüler wesentlich über die Bildungsaspiration der Eltern steuern. Diese werden in unserem traditionellen Schulwesen über Merkmale der Schulart kanalisiert. Analoge Prozesse sind freilich auch in Gesamtschulsystemen wie etwa dem amerikanischen zu beobachten; sie führen zu einer Variationsbreite zwischen Schulen ein und desselben Typs, die der zwischen verschiedenen Schultypen des deutschen Schulsystems durchaus entsprechen kann." (ROEDER, 1987)

Die verschiedenen Beispiele aus dem amerikanischen Schulsystem habe ich vorgestellt, weil ich beabsichtigte, die amerikanische Schulvielfalt als einen bildungspolitischen Weg der Vereinigung so unterschiedlicher Anforderungen wie der nach Chancengleichheit und bestmöglicher Förderung darzustellen. Verschiedene Interpretationen ließen leicht erkennen, daß ich in einer flexibleren und schülerzentrierteren Arbeit bundesdeutscher Schulen einen Weg sehe, manche Ungerechtigkeiten unseres Bildungssystems zu überwinden. Hinsichtlich der Bewältigung dieser Aufgabe scheint es auch inzwischen international zumindest in den hochindustrialisierten Ländern Tendenzen zu geben, die sich sehr ähneln. So stellen z. B. LANDSBERGER u. a. in einer international orientierten bildungspolitischen Studie der Bildungssysteme hochindustrialisierter Länder fest, daß man dort die Absicht erkennen könne, neben den akademischen auch soziale Ziele mit der Bildungspolitik zu verfolgen. „Das vereinigende Thema scheint in verschiedenen Bereichen Gleichheit zu sein und Förderung von Versuchen, vergangene Ungleichheiten zu überwinden, sei es im sozialen oder ethnischen Umfeld, in der Ungleichheit zwischen den Geschlechtern oder zwischen den unterschiedlich Begabten." (LANDS-

BERGER u. a., 1988, 59) Dieses wie andere bildungspolitische Grundthemen würden in drei Ländern diskutiert, „deren Schulstrukturen so unterschiedlich sind, und wo auch die langfristige Entwicklung der bildungspolitischen Kontroversen große Unterschiede aufweist.“ (ebenda, 61)

Die Aufgabe, der Schule die Beseitigung sozialer Ungleichheiten aufzubürden, hat in den USA Tradition. CUSICK bezeichnet die Aufgabe der Schulen, jedem Schüler die gleichen sozialen, politischen und wirtschaftlichen Chancen zu eröffnen, als „keystone of that structure“ (CUSICK 1983, 1). Darauf wurde schon im Kap. 1 hingewiesen. Allerdings finden sich unter amerikanischen Schul- und Bildungsforschern mindestens ebenso viele, die nicht müde werden festzustellen, daß diese Aufgabe das amerikanische Schulsystem bis heute nicht hat leisten können.

„Das öffentliche amerikanische Schulsystem ist ungerecht, weil es Schüler aus armen und Minderheitenfamilien in Lernumgebungen einsperrt, in denen die Lehrer, die Gebäude, das Lernmaterial und die Lehrmethoden schlechter sind als in vielen Schulen städtischer Vororte oder bevorzugten städtischen Schulen.“ (SCHNEIDER, 1989)

Diese Einschätzung deckt sich mit der Reaktion eines erfahrenen Schulleiters, der auf meine Frage nach seinen größten schulischen Sorgen antwortete: „Meine größte Sorge als Schulleiter ist, daß der Schule immer mehr Aufgaben zugemutet werden und wir so tun, als könnten wir sie alle meistern.“

Ein Blick in die amerikanische Bevölkerungsstatistik belegt zweifelsfrei, daß die Schulen es auch unter der immer wieder bestätigten bildungspolitischen Forderung nach „equal opportunities“ nicht geschafft haben, die Benachteiligungen großer Bevölkerungsgruppen zu beseitigen. Das kann niemanden überraschen. Erstaunlich ist aber, daß es trotz umfangreicher Bemühungen auch nicht gelungen zu sein scheint, das Recht auf gleiche Bildungschancen zu realisieren. Wenn auch in den letzten 40 Jahren erhebliche Verbesserungen sichtbar wurden, schneiden doch alle nichtweißen ethnischen Gruppierungen bei den erreichten Bildungsabschlüssen deutlich schlechter ab.

Es ist nicht zu übersehen: Hier stoßen die Schulen an ihre politischen Grenzen, die ihnen gesellschaftspolitisch vorgegeben sind.

4. Die Gemeinden und ihre Schulen

Wer je Gelegenheit hatte, zu Beginn eines neuen Schuljahres – meist im September – in den USA zu sein, wird erstaunt und überrascht beobachten können, welch großen Anteil die Öffentlichkeit dort am Geschehen in den Schulen nimmt. Nicht nur die Schreibwaren- und Buchläden greifen das Ereignis des Schulbeginns für ihre Werbung auf, Schulfragen beherrschen auch den redaktionellen Teil der Zeitungen, Schulleiter äußern sich öffentlich zu Problemen und Erwartungen im kommenden Schuljahr, Schüler werden interviewt, die lokalen Rundfunk- und Fernsehsender bringen aktuelle Beiträge, Eltern werden befragt, und – nicht zuletzt – Mitglieder des Schoolboard nehmen Stellung zu Fragen und Entwicklungen der örtlichen Schulen. Viel häufiger als bei uns stehen Schulen im Zentrum öffentlichen Interesses, sind Gegenstand öffentlicher Diskussionen.

Bis zu Beginn diesen Jahrhunderts war das kleine, rotgestrichene schlichte Holzhaus, das eine kleine, oft einklassige Schule beherbergte, das „little red schoolhouse" Symbol für die schulische Verantwortung der Gemeinde. Heute sind nur noch wenige dieser „one-room-schools" übrig geblieben, ein „little red schoolhouse" findet sich z.B. noch als Kindergarten am Sunsetboulevard in Hollywood. Aber auch die modernen High Schools und Community Colleges sind Brennpunkte des gemeindlichen Lebens und Interesses geblieben.

> *„Als die Gemeinden immer größer wurden, blieb die Schule als Gemeindezentrum, als Versammlungsort und Kristallisationspunkt für lokale Interessen und Aktivitäten jeglicher Art nicht nur ein Ort für Unterricht." (DOYLE 1987, 31)*

Die ursprünglich religiös begründete Überzeugung, wonach jeder ohne die Vermittlung einer anderen Instanz wie z.B. der Kirche seinen Weg zu Gott finden könne, ist einer der Gründe dafür, daß die Gemeinden ihre Schulfragen in eigener Zuständigkeit regeln wollen. Aber auch die demokratische Idee einer grundlegenden schulischen Ausbildung für jeden Bürger soll innerhalb des Einflusses und der Kontrolle der Gemeinde realisiert werden, nicht durch eine abstrakte und entfernte Staatsautorität.

Dies sind Gründe dafür, daß „die örtlichen Schuldistrikte eifersüchtig über ihre Vorrechte und Privilegien wachen.“ (DOYLE, ebd.)

Für uns mag es überraschend sein zu erfahren, daß die wichtigsten schulischen Grundfragen auf State-Ebene und in erheblichem Umfang auf lokaler Ebene entschieden werden.

> *„... was gelehrt wird, wer lehrt, unter welchen Bedingungen und für welches Gehalt, wie der Lernerfolg gemessen wird, die Begrifflichkeit und die Bedingungen für Lernanforderungen und Graduierung, welche Schulbücher benutzt und wie sie eingeführt werden – alles dies sind Zuständigkeiten der Einzelstaaten und lokalen Schulbehörden.“ (DOYLE, ebd.)*

Dies hat im wesentlichen folgende Gründe:
- Die amerikanische Verfassung gibt in Schul- und Erziehungsfragen der Bundesregierung keine Zuständigkeiten, verantwortlich sind die einzelnen Staaten. Diese haben die Gemeinden mit der Schulversorgung und ihrer Finanzierung beauftragt.
- Die Gemeinden erheben über die Grundsteuer eine direkte Schulsteuer, die zur Bezahlung der Lehrer und für die Errichtung und Pflege der Gebäude sowie für den gesamten Schulbetrieb verwendet wird.
- Mit dem Organ „School Board“ (Schulausschuß) verfügen die Gemeinden über eine selbständige, unabhängige Instanz zur Regelung ihrer Schulfragen.

So erklärt sich, daß die Bevölkerung in den Gemeinden ein unmittelbares Interesse an der Verwendung ihrer Steuern für die örtlichen Schulen hat und Rechenschaft verlangt.

Wenngleich inzwischen beobachtet werden kann, daß in zahlreichen Einzelstaaten aufgrund besonderer Gesetze das State Government immer mehr Zuständigkeiten an sich zu ziehen beginnt und dies über den Hebel der Finanzen in vielen Fällen (z.B. 1988 in Kalifornien) gelungen ist, bleibt die inhaltliche und organisatorische Verantwortung der Gemeinden für ihre Schulen in großem Umfang erhalten. Ein direkt gewähltes Schoolboard mit 5 bis 9 Mitgliedern nimmt diese Aufgabe wahr, eine Schulverwaltung unter der Leitung eines durch das Schoolboard bestellten Schulrats (Superintendent) führt sie administrativ aus (vgl. DICHANZ 1990).

Die Mitglieder des Schoolboard werden alle 4 oder 5 Jahre in einem unabhängig von den Gemeinderats- oder Parlamentswahlen durchgeführten Wahlgang für einzelne Bezirke oder für eine gesamte Stadt direkt gewählt. Den Wahlen gehen – ähnlich wie bei den Parlamentswahlen – mehr oder weniger aufwendige Wahlkämpfe (campaigns) voraus, für die die einzelnen Bewerber auch Geld aufbringen müssen. Diese Beträge sind für unsere Verhältnisse überraschend hoch. Sie können in einem Wahlkampf für ein Schoolboard im eher ländlichen Süden Kalifornien zwischen 10.000 und 40.000 Dollar, aber auch leicht in einem der zentralen Bezirke von Los Angeles 150.000 Dollar und mehr betragen. Die Fähigkeit eines Kandidaten, dieses Geld zu beschaffen, wird allgemein als erster Test für seine Qualifikation betrachtet. Befragt man Mitglieder von Schoolboards nach ihren Motiven für dieses Amt, zeichnen sich im wesentlichen folgende Motivbereiche ab:

- Erwachsene, deren Kinder öffentliche Schulen am Ort besuchen, fühlen sich veranlaßt, an der Gestaltung der Schularbeit und an ihrer Qualitätskontrolle zum Wohl ihrer eigenen Kinder mitzuwirken.
- Andere, die evtl. mit einer solchen Motivation in ein Schoolboard gekommen sind, erkennen die Wichtigkeit der örtlichen Schulpolitik und engagieren sich aus allgemeiner Verantwortung für die Schulen ihrer Gemeinde.
- Für eine dritte Gruppe von Bewerbern bedeutet ein Sitz im Schoolboard das erste öffentliche Amt, das zu weiteren, anspruchsvolleren politischen Ämtern führen kann. So finden sich unter den State-Senatoren im Kongreß mehrere, die ihre politische Karriere in einem Schoolboard begonnen haben.

Die Mitgliedschaft in einem Schoolboard ist ein Ehrenamt, für das es – eigentlich – keine Vergütung gibt. Natürlich erhalten die Board-Mitglieder, ähnlich wie bei uns, Aufwandsentschädigungen zum Ausgleich von Kosten. Wegen der größeren Zuständigkeiten ist es aber notwendig, daß sich die Schoolboards viel häufiger als bei uns, oft wöchentlich oder vierzehntägig treffen, wozu noch Kommissionssitzungen oder andere Beratungen hinzukommen. Der dadurch entstehende Zeitaufwand ist mit einem Ehrenamt ohne Vergütung kaum noch zu vereinbaren, weshalb in größeren Schulbezirken die Mitgliedschaft im Schoolboard schnell zu einer Halbtagsbeschäftigung oder auch zu einer vollen Berufstätigkeit wird. Hieraus hat man auch finanzielle Konsequenzen gezogen. So erhält z.B. die Präsidentin des Los Angeles Unified Schooldistrict, des größten Schulbezirks in Californien, für ihre Halbtagstätigkeit eine Aufwandsentschädigung, die über dem Gehalt eines Lehrers liegt. Auch die Kollegin in San Diego, die ihre Präsidentschaft ebenfalls als Halbtagstätigkeit beschreibt, wird ähnlich wie ein Lehrer im Anfangsgehalt „entschädigt".

Der große Umfang der Zuständigkeiten macht deutlich, warum Schoolboards in den USA vergleichsweise viel zu tun haben. Sie können tatsächlich als eigene, nur für den Schulsektor zuständige Parlamente betrachtet werden, die unabhängig vom jeweiligen Stadtparlament beraten und entscheiden. Sie verfügen auch über die durch örtliche Steuern (ca. 50%), Zuweisungen aus dem State-Haushalt (ca. 45%) und Zuweisungen aus Washington oder durch Spenden (zusammen ca. 5%) erbrachten Mittel in eigener Verantwortung. Diese Autonomie sichert ihnen in den einzelnen Gemeinden oft beträchtlichen Einfluß, der die Mitgliedschaft eben auch politisch interessant macht.

Es ist deshalb verständlich, wenn sich in Schoolboards Mitglieder finden, denen politischer Einfluß – gleichgültig aus welchen Motiven – generell etwas bedeutet. (Vgl.: CISTONE 1975) Die Schoolboards haben sich in einer nationalen Verbindung vereinigt, die seit 1891 die Zeitschrift „American Schoolboard Journal" herausgibt. Diese Zeitschrift beschrieb kürzlich das typische Schoolboard-Mitglied so:

> *„He . . . is a white man in his forties who is married and has children attending public school in the system he serves."*

> *„Er . . . ist weiß, männlich, in den Vierzigern, verheiratet und hat Kinder, die öffentliche Schulen in dem Schulbezirk besuchen, in dem er amtiert." (American Schoolboard Journal 1986, H 1, 26)*

Er hat einen College-Abschluß, arbeitet in einer mittleren Leitungs- oder Managementposition und verdient 40.000 – 50.000 $.

Es sind keine weitergehenden Analysen erforderlich, um zu erkennen, daß die Mitarbeit in den Schoolboards in erheblichem Umfang durch Mittelschichtenpersonen und -vorstellungen geprägt ist. Dies läßt sich an zahlreichen Einzelheiten amerikanischer Schulpolitik erkennen.

Ein weiterer überraschender Tatbestand hinsichtlich der Schoolboards ist die parteipolitische Unabhängigkeit ihrer Mitglieder. Es wurde schon erwähnt, daß Bewerber für ein Schoolboard ihren eigenen Wahlkampf organisieren und dafür auch das erforderliche Geld zusammenbringen müssen. Zum weitaus größten Teil erfolgen solche „Campaigns“ aber auf eigenen Entschluß, möglicherweise unterstützt durch Gruppen aus der Bevölkerung wie etwa religiöse oder ethnische Gruppen, auch wohl wirtschaftlich interessierte Lobby, in ganz großen Ausnahmefällen aber nur durch die beiden großen Parteien, die Demokraten oder die Republikaner. Man mag dies in der einen oder anderen Großstadt finden, in denen die städtische Politik großen Einfluß auf die State-Politik hat (z.B. in New York, Los Angeles, Dallas o.ä.), in den meisten Landesteilen haben aber Parteipolitik und Schulpolitik kaum etwas miteinander zu tun. Selbst wenn sich Mitglieder des Schoolboard öffentlich zu einer Partei bekennen, betonen sie hinsichtlich ihrer Schoolboard-Tätigkeit immer wieder ihre parteiliche Unabhängigkeit. Auch zähes Nachfragen bei zahlreichen Superintendents, die ja die Schoolboard-Politik auszuführen haben, hat bisher zu keiner Auskunft geführt, die den Einfluß von Parteien bestätigt hätte. Präsident Bush hat während seines Wahlkampfes mehrfach voll Stolz darauf hingewiesen, daß amerikanische Schulpolitik eine überparteiliche Aufgabe sei. Natürlich trifft es zu, daß bei der Entscheidung über Schulentwicklungsfragen auch die parteipolitischen Überzeugungen der Board-Mitglieder erkennbar werden. Sie wirken aber als persönliche Überzeugung, nicht als parteipolitische Position. (Vgl. auch DICHANZ 1990)

Ein Grund hierfür ist das schon oben erläuterte Verständnis der Amerikaner, Schule sei eine Sache der Gemeinde.

Zum anderen haben sich die Parteien in der Ausformulierung schulpolitischer Grundsätze sehr zurückgehalten. Längst nicht in allen Einzelstaaten verfügen sie über ausgearbeitete bildungspolitische Programme, State-Politiker mit bildungspolitischem Engagement sind eher selten. Auf Bundesebene verfügen beide Parteien über schulpolitische Programme (Education Platform); sie werden aber nicht in der Absicht formuliert, die Politik von Schoolboards zu beeinflussen. Diese werden von den Programmen kaum erreicht.

Es wäre allerdings falsch, aus der Distanz der politischen Parteien zu den School Boards den Schluß zu ziehen, letztere seien nur ein unbedeutender Faktor der lokalen Politik in den USA. Das Gegenteil ist richtig. In einer ausführlichen Studie über School Boards weist CISTONE auf das Geflecht von Entscheidungskanälen und Verbindungen von Entscheidungsträgern hin. Um die politische Bedeutung eines School Board zu analysieren sei es erforderlich, die Board-Struktur „gleichzeitig mit anderen örtlichen Entscheidungsgremien des gleichen Bezirks" zu untersuchen.(CISTONE 1975, 12) Eine solche Analyse würde auch die zahlreichen Verbindungen offenlegen, über die Wirtschaft und Industrie Einfluß auf die Schulziele nehmen.

Daneben macht sich in den letzten Jahren eine Tendenz breit, daß die Lehrerverbände versuchen, über einzelne Schoolboard-Mitglieder verstärkt Einfluß auf die örtliche Schulpolitik zu gewinnen. „In der neueren Geschichte der örtlichen Kontrolle hat das Entstehen starker lokaler Gewerkschaften ebenfalls wachsende Bedeutung gewonnen." (DOYLE 1987) Dies trifft z. B. für den Los Angeles Unified Schooldistrict zu, in dem 2 von insgesamt 7 Mitgliedern von der örtlichen Lehrergewerkschaft (UT Los Angeles) stark unterstützt wurden. Bei später stattfindenden Verhandlungsrunden über neue Lehrergehälter wird diese „Unterstützung" zurückgefordert. Aber auch bei der Vergabe von Funktionsstellen o.ä. ist die Verbindung der Board-Mitglieder zu den Gewerkschaften erkennbar und nicht immer für die örtliche Schulpolitik dienlich.

Die Autorität und Zuständigkeit der Schoolboards für Schulfragen in den Gemeinden ist zwar unbestritten, unübersehbar sind aber auch Entwicklungen, diese Kompetenz auszuhöhlen. Bereits in den 60er Jahren beklagte KOERNER eine wachsende Macht der Schulverwaltungen. J. SPRING nennt daneben noch die Entscheidungen der Einzelstaaten und der Zentralregierung, Gerichtsurteile und einen zunehmenden Einfluß der Lehrergewerkschaften, die den Entscheidungsspielraum der Schoolboards einschränkten. (SPRING 1978, 101 ff) So erklärt sich, daß einige Beobachter zu dem für uns überraschenden Ergebnis kommen, „daß die Vereinigten Staaten ein nationales Schulsystem haben mit einigen Variationen auf der Ebene der Einzelstaaten und der Gemeinden." (ebd., 111) Doch dies sieht selbst das erst 1967 eingerichtete und 1979 mit Kabinettsrang und Minister ausgestattete Department of Education anders:

„Das Ministerium schreibt keine zentralen Lehrpläne vor oder verwaltet ein nationales System der öffentlichen Schulen. Die Gesetze, durch die das Ministerium entstand, (. . .) bestätigen die vorrangige Zuständigkeit örtlicher Gremien für die öffentliche Erziehung." (U.S. Department of Education, o. J., 2)

Wie im Kapitel 1 schon erläutert, wird man in den USA vergeblich nach einem einheitlichen, durchstrukturierten Berufsschulwesen (vocational education) suchen. Die ursprüngliche Ausrichtung der High Schools auf den Collegebesuch sowie ein wesentlich weniger formalisiertes Berufssystem machten lange Zeit eine kontinuierliche Berufsausbildung nicht erforderlich. Wer einen „Job" gut erledigen konnte, sollte dies auch tun – unabhängig von formalen Zertifikaten. Dies gilt für viele Bereiche heute noch. Allerdings hat seit dem 2. Weltkrieg mit der wachsenden Industrialisierung und Bürokratisierung der Bedarf an grundständig ausgebildeten Berufen deutlich zugenommen. Außerdem entdeckten sowohl Wirtschaftler wie Bildungspolitiker berufliche Ausbildungen als Steuerungsinstrumente für Problemgruppen der Bevölkerung in sozialen Brennpunkten. Besonders in den großen Städten entwickeln sich Schulen immer häufiger zu „Sozialstationen" eines Stadtteils, die weit mehr leisten als Jugendliche „nur" zu beschulen. Aus den Interessen der Gemeinden an einer besseren Versorgung einzelner Stadtteile oder Bevölkerungsgruppen entstand die Idee der *Community Colleges* (vgl. Kap. 3), die als Erweiterung und Verlängerung der High School verstanden werden können. Je nach Programm stellen sie eine gemeinde- oder kreisbezogene Verbindung von High School, vocational School und zweijährigem College dar, in denen sowohl der High School-Abschluß, Berufsabschlüsse wie 2jährige Collegeabschlüsse erworben werden können. Die Community Colleges, die einen wichtigen Beitrag zur Infrastruktur einer Stadt, Gemeinde oder eines Kreises leisten, werden beraten und kontrolliert durch ein Board of Trustees, dessen Mitglieder Repräsentanten der Bevölkerung, darunter vor allem Vertreter der heimischen Wirtschaft sind.

So stolz viele Gemeinden auf ihre Schulen sind, so sehr sie sich für ihre Schulen engagieren und finanziell ins Zeug legen, so leicht können Schulen auch zur Belastung werden. Dies macht besonders ein für unsere Verhältnisse stark ausgebautes Sicherheitssystem deutlich, mit dem einige Stadtgemeinden ihre Schüler, Lehrer, das Schulpersonal, aber auch die Schulen und ihre Einrichtungen selbst glauben schützen zu müssen.

Für Besucher ist es schwer zu beurteilen, ob ein solch rigides Sicherheitssystem erforderlich ist. Man kann noch verstehen, daß jeder Besucher durch ein Schild an der Eingangstür aufgefordert wird, sich zunächst im Schulbüro anzumelden. Schwerer zu verstehen ist schon die Regelung einiger Schulen, die Schultüren nach außen während des Unterrichts abzuschließen. Man wird recht überrascht sein, wenn man zum ersten Mal in einem Schulflur polizeiähnlich uniformiertem Wachpersonal gegenübersteht, das während der gesamten Schulzeit durch das Schulgebäude und das gesamte Schulgelände patrolliert.

Als mir allerdings der erste Streifenwagen einer „School Police" in Los Angeles mit einer Doppelstreife begegnete, habe ich mir ungläubig die Augen gerieben. Diese Sektion der Stadtpolizei ist polizeimäßig uniformiert, mit Schlagstock, Funksprechgerät, Revolver und schwerem Patronengurt ausgerüstet. Sie versieht ihren Dienst vorwiegend in Schulen und um sie herum, wird aber auch zur Beibringung resistenter Schüler, zur Schlichtung von Schlägereien u.ä. eingesetzt. Dem auswärtigen Besucher kommt angesichts des martialischen Auftretens dieser Polizei leicht die Frage, ob durch derartige Demonstration von Gewalt nicht Gegengewalt erst produziert wird. Die Schulpolizei tritt vorwiegend in sozialen Brennpunkten großer Städte wie New York oder Los Angeles auf und hat dort soziale Probleme zu „lösen", mit denen die Gesellschaft und ihre Schulen anderweitig nicht fertig werden. Sie ist aber auch Indiz für ein fast neurotisches Sicherheitsbedürfnis in den USA, das für den Besucher kaum zu verstehen ist.

Jedenfalls ist das Bestreben der Gemeinde, besonders der Superintendents und Schoolboards groß, ihre Schulen sauber zu halten und Gewalttätigkeiten streng zu verfolgen. „Ordentliche" Schulen sind ein wichtiges Kriterium dafür, daß eine Gemeinde insgesamt „in Ordnung" ist und einen guten Ruf bei ihren Bürgern hat.

Nun wäre es gewiß falsch davon auszugehen, als seien die Verhältnisse in allen Schulen und Schuldistriks der Vereinigten Staaten gleich. Dazu sind die USA zu groß. Zu unterschiedlich sind die Bevölkerungs-und wirtschaftlichen Bedingungen zwischen der bevölkerungsreichen Westküste und dem menschenleeren Nevada, zwischen kleinen Gemeinden Wyomings im Gebirgsmassiv der Rocky Mountains und großen Farmen im Süden von Mississipi oder Georgia. Auf derartige Unterschiede einzugehen ist hier nicht möglich.

Berichtet werden soll allerdings noch über eine Entwicklung, wie sie MICKELSON bei einer genaueren Analyse der Rolle und Arbeitsbedingungen amerikanischer Lehrer beobachtet hat. Er stellte fest, daß es einen großen Unterschied ausmacht, wo ein amerikanischer Lehrer arbeitet: ob in einer zentralen Stadtschule, in einer Vorortschule oder in einer Landgemeinde. Dies wird unmittelbar einleuchtend, wenn man sich vor Augen hält, daß das New York-City Schulsystem über etwa 1.000 Schulen mit fast 1.000.000 Schülern verfügt, in Los Angeles finden sich immerhin noch ca. 535.000 Schüler in 350 Schulen . Daß die Beziehungen zwischen Stadt und Schulsystem in diesen Fällen anders gelagert sind als bei einem Schuldistrikt, der über 2 – 3 Grundschulen und 1 High School verfügt, insgesamt vielleicht 30 Lehrer beschäftigt und knapp 1000 Schüler zu versorgen hat, ist evident. Aus der speziellen Entwicklung, wie sie viele amerikanische Großstädte und die mit ihnen verbundenen Vororte nehmen, glaubt MIKKELSON entnehmen zu können, daß sich hier eine Entwicklung in Richtung auf 2 Extreme anbahnt.

„Ob Leute in einer Großstadt oder in einem Vorort wohnen, und wo sie in der Stadt bzw. dem Vorort wohnen, hat sehr viel mit ihrer sozialen Schicht, ihrer Rasse und ethnischen Zugehörigkeit zu tun. Immer mehr amerikanische Großstädte werden zu Gemeinden mit Einwohnern, die vorwiegend aus niedrigen Einkommensschichten, aus Minoritäten und Einwanderergruppen stammen. Vorortstädte, die die Stadtzentren förmlich wie ein Ring umgeben, sind überwiegend weiß mit Familien der Mittel- und oberen Mittelschicht. Mit der weißen Mittelschicht ziehen auch Industriebetriebe, Handel und Kleinbetriebe in die Vororte." (MIKKELSON 1982, 161)

„Viele Kinder von neu Eingewanderten sind vorher nie in einer Schule gewesen, so daß die Schulerfahrung für das Kind so fremd ist wie die Sprache des Kindes und seine Kultur für den Lehrer. Das Erziehungs-und Sprachenproblem verursacht eine größere Auseinandersetzung, besonders um die zweisprachige Erziehung . . ."

„Es dürfte offenkundig sein, daß der doppelte Trend der internen Wanderung der weißen, englisch sprechenden Mittelschicht in Amerikas Vorstädte und die von außen kommende Zuwanderung einer neu hinzukommenden, nicht englisch sprechenden, farbigen Bevölkerung mit niedrigem Einkommen in ohnehin schon von Armen und von Minoritäten bewohnte Innenstädte große Auswirkungen auf Amerikas öffentliche Schulen und die Lehrer hat, die darin arbeiten müssen." (ebenda, 161)

Die zahlreichen mittelamerikanischen und asiatischen Emigranten lassen sich meist in den innerstädtischen Gettos nieder und bringen mit ihren Kindern, die meist kein Wort Englisch sprechen, viele sprachliche, kulturelle und pädagogische Probleme in die innerstädtischen Schulen. Die besserverdienende Bevölkerung der middle and uppermiddel class zieht sich in vielen Fällen in die Vororte zurück, wo mehr Raum ist, die Lebensbedingungen besser sind, weniger Berührungen mit den Emigranten vorkommen. Sie sehen in den Schulen wichtige Instrumente für die Zukunftsgestaltung ihrer Kinder und achten peinlich darauf, daß Schulen und Lehrer ihr Bestes tun, um ihre Kinder zu fördern. Auch die Schulausstattungen sind von dieser Entwicklung betroffen. Während die innerschulischen Bezirke immer mehr verarmen, weil es hier keine ausreichende Basis für eine ertragreiche Schulsteuer mehr gibt, können Vorortbezirke aus dem Vollen schöpfen. Dies hat z. B. in Kalifornien zu einem Urteilsspruch geführt, der feststellt, daß durch die ungleiche Schulausstattung, wie sie z. B. zwischen Beverly Hills und mehr ländlichen Schulbezirken besteht, die Chancengleichheit der Schüler bedroht ist. Daraufhin hat Kalifornien 1988 das System seiner Schulfinanzen völlig verändert und verteilt nun die örtlich erhobenen Schulsteuern zentral an die verschiedenen Schulbezirke.

Die Konzentration ethnischer Bevölkerungsgruppen in bestimmten Schulbezirken hat auch die lokale Schulpolitik und die Beziehung zwischen Gemeinde und Schule beeinflußt. In jüngster Zeit ist eine Entwicklung zu beobachten, die mit dem wachsenden politischen Selbstbewußtsein ethnischer Minoritäten, besonders der Schwarzen, hispanischen und asiatischen Bevölkerung zusammenhängt. Immer häufiger erkennen diese Gruppen, wie stark die Zukunft ihrer Kinder von einer guten Schulausbildung abhängt, immer entschiedener fordern sie ihr Recht auf „equality of opportunities" ein. Dies führt in den Ballungszentren und großen Städten häufig dazu, daß – z. B. in den Schoolboards – die regionalen Vorstellungen und Ziele überformt werden von denen einer oder mehrerer Minoritäten, die als „Gemeinde in der Gemeinde" auftreten. Den Minorities ist bewußt geworden, daß sie ihre Interessen z. B. in der Schulpolitik nur in gemeinsamer Anstrengung durchsetzen können. Die ethnische Zusammenarbeit kann durchaus in Konkurrenz treten zu anderen Interessen der Gemeinde, was sich z. B. in der Orientierung der High Schools, dem Kursangebot der Schulen, der Anstellungspraxis von Lehrern und Schulleitern auswirken kann. Inzwischen achten z. B. große Städte darauf, daß in den

Schoolboards die ethnischen Gruppen vertreten sind, damit von vornherein ihre schulpolitischen Interessen mitdiskutiert werden. Diese Umorientierung der gemeindlichen Schulen wird sich wahrscheinlich in nächster Zeit weiter verstärken.

Die Dichotomisierung der Schulbezirke und der Schulausstattungen führt auch bei der Beschäftigung von Lehrern zu äußerst unliebsamen Entwicklungen. Da in innerstädtischen Schulbezirken immer freie Lehrerstellen vorhanden sind, ergibt sich ein Trend, daß junge, unerfahrene Lehrer ihre Berufstätigkeit zunächst an innerstädtischen Schulen beginnen. Sie erhalten dort auch das niedrigste Gehalt. Bei der ersten sich bietenden Gelegenheit versuchen diese Lehrer, eine sozial und psychisch weniger anstrengende Stelle an einer Vorortschule zu erlangen, wo sie zudem auch noch besser bezahlt werden. Daraus ergibt sich eine ständige Fluktuation von Lehrern aus den innerstädtischen Bezirken in die Vorortbezirke. Die Schulen in den Städten haben eine hohe Mobilitätsrate unter den Lehrern, zur Ausbildung eines erfahrenen, gemeinsam ein Konzept tragenden Lehrerkollegiums kann es dabei kaum kommen.

Diese Charakterisierung von MICKELSON ist zutreffend und leicht nachvollziehbar. Sie unterläßt es aber, auf einen Bereich der amerikanischen Schulen hinzuweisen, der zahlenmäßig mindest ebenso bedeutsam ist wie die Schulsysteme in den Großstädten und ihren Randzonen. Die Konzentration der Probleme in diesen Ballungszentren kann leicht den Blick dafür verstellen, daß es zwischen der Ostküste und der Westküste die großen Gebiete der Plains des Südwesten gibt. Nach einer Statistik des NAE hat sich die Zahl der innerstädtischen Schulen seit 1970 um ca. 1/3 verringert. Heute liegen 22 % der Schulen in innerstädtischen Bezirken, knapp 30 % in städtischen Vororten und knapp 50 % in ländlichen Bezirken. (NAE 1987, 35) In diesen Gebieten findet man eher das „normale", „durchschnittliche" Amerika, Gemeinden und Schulbezirke mit einigen, aber nicht übermäßig aufregenden Problemen. Dies sind die Gebiete, in denen die Schulen tatsächlich noch als Aufgaben der Gemeinden betrachtet werden, in denen das Schoolboard wichtige Entscheidungen für die Entwicklung der Schulen am Ort trifft, in denen Lehrer und Schulverwaltungsbeamte auch mehr Ansehen genießen als in den meisten Großstädten. Ein genereller Eindruck beim Besuch von Schulen in diesen Gegenden, sei es in Kentucky oder Tennessy, in Virgina oder Nord Dakota, ist der eines ruhigen, noch vielfach von traditionellen Werten geleiteten Schulverständnisses. Superintendent und Schulleiter sind anerkannte örtliche Autoritäten, werden meist auch von ihren Lehrern anerkannt. Schulfeste und Schulerfolge auf State oder nationaler Ebene sind Anlässe für Feste der ganzen Gemeinde, Probleme in den Schulen sprechen sich schnell herum, sollen bald, auch des Ansehens der Gemeinde wegen, gelöst werden. Erziehungstradition, Leistungsverständnis und Autoritätsverhalten haben hier eher konservative Züge, geben diesen Schuldistrikten häufig einen eher statisches, aber auch zielgerichtetes Bild, dessen Konturen – trotz mancher Einschränkungen – auch heute noch von den Schoolboards gezeichnet werden.

„Wenn es so etwas (wie School Boards, H.D.) nicht gäbe, müßte etwas ähnliches eingerichtet werden, um auf Gemeindeebene die Politik umzusetzen, die auf einzelstaatlicher oder nationaler Ebene gemacht wird.“ (SELAKOVITCH, 111)

Und das Department of Education in Washington muß – trotz des gelegentlichen Wunsches nach mehr Einfluß in der Bildungspolitik – öffentlich bestätigen:

„So gehört es zur Zuständigkeit des Einzelstaates, nahezu alle Entscheidungen zu treffen, die sich auf Grund- und Sekundarschulen beziehen. Dazu gehören z. B. die Länge des Schultages und -jahres, die Auswahl der Schulbücher, Fragen der Lehrerbildung, Anforderungen für den High-School-Abschluß, die Art der Zensurenskalen und andere Fragen der Lehre und Verwaltung, die in die Kompetenz des Einzelstaates fallen.“ (U.S. Department, a.a.O, 2)

5. Bildungsziel Citizenship

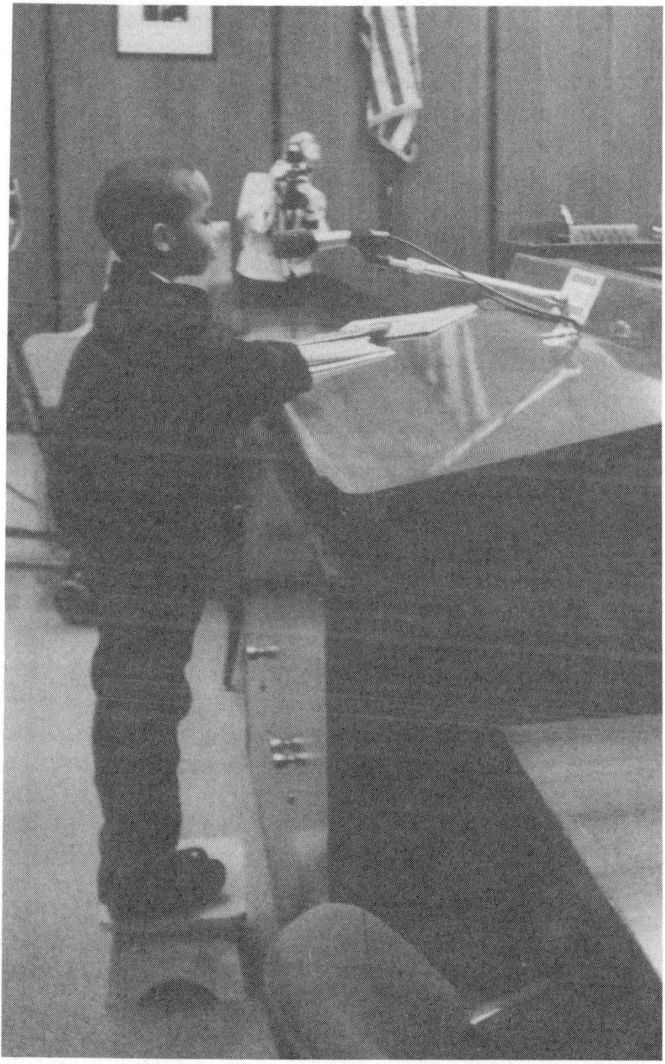

Wer einige Zeit als Besucher in den Vereinigten Staaten unterwegs ist, gewöhnt sich bald an den Anblick, daß vor jeder amerikanischen Schule die Nationalflagge weht. Eigentümlicher ist schon, wenn man als Besucher bemerkt, daß in vielen Schulen jeder Unterrichtstag mit dem Treuegelöbnis begonnen wird: „I pledge allegiance to the flag of the United States of America, and to the republic for which it stands: one nation, under God, indivisible with liberty and justice for all." Noch merkwürdiger berührt den fremden Beobachter, wenn gar eine große Lehrerversammlung von 3.000 bis 4.000 Lehrern mit eben diesem Treuegelöbnis und einem anschließend gesungenen, auf dem Harmonium begleiteten Lied „God bless America . . ." eröffnet wird. Der quasi-religiöse Charakter solcher Formen ist nicht zu übersehen, die starke Gefühlskomponente, die solchen Äußerungen anhaftet, berührt insbesondere Deutsche seltsam, die nach wie vor Schwierigkeiten mit einem Nationalbekenntnis haben. Gleichwohl: eine enge, stark gefühlsmäßige Bindung vieler Amerikaner an ihre Nation, ihren Staat und die Staatsidee sind durchaus Teil des amerikanischen Alltages, wie nicht zuletzt die Auftritte amerikanischer Präsidenten in den Medien immer wieder belegen.

Die enge Bindung des amerikanischen Bürgers an seine Nation hat in den USA eine lange Tradition und ist unverzichtbarer Bestandteil des amerikanischen Selbstverständnisses. Nicht von ungefähr spielt die American Philosophical Society in der Entwicklung des amerikanischen Selbstverständnisses, dem amerikanischen Werteverständnis sowie in der Interpretation der Rechte und Pflichten des einzelnen Bürgers, des citizen, eine besondere Rolle. Ohne daß ich hier auf die im europäischen Denken verwurzelten Ideen und Überlegungen von Benjamin FRANKLIN, Thomas JEFFERSON und George WASHINGTON näher eingehen kann, sei darauf hingewiesen, daß sich gerade in der Gedankenwelt dieser bedeutenden Politiker des 18. und 19. Jahrhunderts ein Verständnis von Bürgersinn und Bürgeraufgaben entwickelt hat, ohne das die Geschichte des amerikanischen Volkes und seines Staates bis heute nicht verstanden werden kann. Eine der Überzeugungen, die sich unter den politischen Denkern dieser Zeit entwikkelte, war die, daß jeder Mensch „erzogen werden muß, um ein freier Bürger sein zu können.“ (RIPPA 1983, 67) Den Politikern jener Zeit war es durchaus klar, daß die zusammengewürfelten Gruppen von Siedlern erst allmählich zu einer Gesellschaft zusammenwachsen mußten, wenn sich daraus eine Nation entwickeln sollte, die in der Lage war, ihren künftigen Weg politisch und ökonomisch zu meistern. Es zeugt für den Weitblick dieser zum großen Teil mit Eindrücken aus Europa ausgestatteten Politiker, daß sie dabei immer wieder die Bedeutung einer gesamtgesellschaftlich verantworteten und vom Staat geordneten Erziehung im Blick hatten.

„Diese Staatsmänner wünschten auch das Nationalgefühl dadurch zu stärken, daß den Schülern republikanische Grundsätze und die Pflichten eines amerikanischen Bürgers gelehrt wurden. Die Erziehung wurde als Aufgabe öffentlicher Verantwortung der Bundesregierung betrachtet, ein Schutzwall für Freiheit und Sicherheit.“ (RIPPA, 67)

Diese Aufgabe, einen freien, selbstbewußten und politisch unabhängigen Bürger (free citizen) heranzubilden, ist früh von den amerikanischen Schulen aufgenommen und bis heute als selbstverständlicher Teil ihres gesellschaftlichen Auftrages begriffen und realisiert worden.
Ein Ergebnis dieses Erziehungsauftrages ist die Entwicklung eines speziellen amerikanischen „Patriotismus“, der sich in schwer verständlichen außenpolitischen Aktionen (z. B. Grenada-Invasion, Lybien-Bombardement u. ä.) ebenso ausdrückt wie im innenpolitischen Einfluß der „Veterans“ oder einer stark nationalgeschichtlichen Ausformung von Schulkursen in den Sektoren „American history“ und „social studies“. Die – auch von vielen Amerikanern – oft beklagte Ahnungslosigkeit von High School-Absolventen und Studenten in internationalen politischen Fragen hat u. a. hier ihre Ursache.

So sehr viele Schulen dazu beitragen, die – emotionale – Bindung junger Amerikaner an ihre Nation und ihren Staat zu fördern, so wenig scheint es in den Schulen zu gelingen, kritische, selbstbewußte Bürger heranzubilden. Dabei wäre es voreilig zu behaupten, Amerikaner stünden ihren Regierungen kritiklos gegenüber. Allein die Geschichte nach dem 2. Weltkrieg enthält viele Beispiele, die das Gegenteil belegen. Die Schulen tragen hierzu aber wohl nur wenig bei. Neben der schon erwähnten curricularen Einengung spielt hier eine Unterrichtstradition eine Rolle, in der das freie Gespräch, die offene Diskussion nur einen schwachen Stellenwert hat (vgl. DICHANZ/ZAHORIK 1986). Die Bereitschaft, pragmatische Lösungen von Problemen zu akzeptieren, und der Wunsch, rasch vorzeigbare Ergebnisse zu erreichen, haben es verhindert, daß sich Formen des offenen Diskurses in durchschnittlichen Schulen entwickeln konnten. Obwohl z. B. DEWEYs Arbeiten die Bedeutung des „critical thinking" für eine Demokratie überzeugend dargelegt haben und auch in die amerikanische „philosphy of education" eingegangen sind, läßt sich ihr Einfluß eher in Präambeln und Curricula als in der Schulpraxis ausmachen. So bleibt das Erziehungsziel „citizen" zwiegespalten: Auf der einen Seite meint es das selbstbewußte, seine Rechte einfordernde Individuum, auf der anderen Seite bezeichnet es die Aufgabe der Amerikanisierung, der Einpassung der vielen Einwanderer in das amerikanische Wertesystem. Diesem doppelten Ziel von „citizenship" sind die Schulen verpflichtet.

So überraschend auf der einen Seite die Vielfalt organisatorischer und curricularer Lösungen des Schulangebotes in den USA ist, so einig scheint man sich andererseits über die generellen Ziele von Schule zu sein. Die 1979 für High Schools in Kalifornien festgesetzten allgemeinen Bildungsziele dürfen durchaus als repräsentativ für Schulen in den USA betrachtet werden.

„Grundlegende schulische Leistungen . . . um Wissen zu erwerben und an den traditionell anerkannten Grundeinsichten der Allgemeinbildung teilzuhaben, . . . die Fähigkeit zu entwickeln, Entscheidungen zu treffen, Probleme zu lösen, sich ein unabhängiges Urteil zu bilden und Verantwortung für Selbstkritik und ständige Weiterentwicklung der eigenen Persönlichkeit zu übernehmen.

- *Berufliche und wirtschaftliche Kompetenz*
- *Bürgersinn und staatsbürgerliche Verantwortlichkeit*
- *Fähigkeiten für menschliche und soziale Beziehungen*
- *Moralische und ethische Werte*

– *Selbstverwirklichung und geistig-körperliche Gesundheit*
– *Aesthetisches Bewußtsein*
– *Kulturelle Verschiedenheit . . ." (SIZER 1984, 77)*

Ich habe bereits an anderer Stelle darauf hingewiesen, daß in den USA häufiger und wirksamer als bei uns die Gerichte bei der Ausformung von Schulaufgaben mitwirken. Dies trifft auch für die Interpretation von Zielen zu. In einem Gerichtsverfahren in West Virginia, in dem es um die Kriterien für eine wirksame schulische Erziehung ging, legte der Richter fest, was eine wirksame Erziehung in West Virginia kennzeichnet. Unter den genannten Zielen taucht auch das des „Citizen" in folgender Präzisierung auf: „Kenntnisse des Regierungssystems in einem Umfang, daß das Kind als Bürger in der Lage ist, begründete Wahlen zu treffen zwischen Personen und Sachverhalten, die seine eigene Lebensführung betreffen." (SIZER, 77/78) Die Interpretation von Schulzielen läßt deutliche Verbindung zu der Bill of Rights von 1791 und den „Seven cardinal principles of secondary education" von 1918 (vgl. Kap. 2) erkennen.

Das Schulziel „civic understanding" ist aber auch stark von den demokratischen Gedanken Horace MANN's und John DEWEY'S geprägt. Sie alle zielen auf eine menschlichere und gerechtere Gesellschaft. Während bei Horace MANN die Idee einer öffentlich geförderten und kontrollierten Erziehung im Vordergrund steht, sind für DEWEY die Beziehungen zwischen der Schule und der Gesellschaft zentral. Dabei geht DEWEY von der Vorstellung aus, eine Schule könnte „a miniature community, an embryonic society" sein (DEWEY 1956, 18). Die Schulziele insgesamt, besonders aber die Aufgabe der Heranbildung aufgeklärter Bürger ergibt sich aus DEWEYs Vorstellung von der menschlichen Gesellschaft. „Eine Gesellschaft ist eine Anzahl von Menschen, die zusammenhalten, weil sie nach gemeinsamen Vorstellungen in einem gemeinsamen Geist und mit Bezug auf gemeinsame Ziele arbeiten. Die gemeinsamen Bedürfnisse und Ziele erfordern einen zunehmenden Austausch von Gedanken und eine wachsende Einheit gemeinschaftlicher Gefühle." (ebenda, 14) Wenngleich man heute fragen muß, ob DEWEYs vom ROUSSEAUschen Denken geprägten Vorstellungen der Beziehungen zwischen Gemeinschaft und Gesellschaft sich zur

Orientierung schultheoretischer Fragen heute noch eignen, spielen sie zumindest in der Philosophy of Education, der Erziehungstheorie in den Vereinigten Staaten nach wie vor eine große Rolle. Dabei sind es weniger die einzelnen operationalisierten Vorschläge, die DEWEY in seinen Überlegungen zu „The Child and the Curriculum" und „The School and Society" entwickelt, als vielmehr idealisierte Vorstellungen einer in Demokratie lebenden Gemeinschaft, wie sie DEWEY in seinen Vorlesungen entwickelt hat. „Die Demokratie ist mehr als eine Regierungsform; sie ist in erster Linie eine Form des Zusammenlebens, der gemeinsamen und miteinander geteilten Erfahrungen." (DEWEY 1964, 121) Der Glaube daran, daß derartige gemeinsame Formen des demokratischen Zusammenlebens in der Schule wie in der Gesellschaft möglich sind, ist eine Grundvorstellung der Überlegungen, die im Bildungsziel „citizen" zusammenfließen. In einer für eine europäische Sichtweise schwer verständlichen Romantisierung der Vorstellungen von Gesellschaft lassen sich Amerikaner hier von Ideen inspirieren, wie sie u. a. in der deutschen Soziologie um die Jahrhundertwende (vgl. TÖNNIES, SIMMEL) formuliert wurden. Daß es sich dabei um eine Vorstellung handelt, für deren Verwirklichung es in großen Teilen der amerikanischen Bevölkerung nicht die geringste Chance gibt, muß nicht die Gültigkeit und Wirksamkeit dieser Idee zur Formung eines schulischen Aufgabenkomplexes mindern. DEWEY selbst bezeichnet in seiner Interpretation des Erziehungsbegriffes seine Vorstellungen als „soziales Ideal" (ebenda, 136), „das in den Einzelnen ein persönliches Interesse an sozialen Beziehungen und am Einfluß der Gruppen weckt und diejenigen geistigen Gewöhnungen schafft, die soziale Umgestaltungen sichern, ohne Unordnung herbeizuführen." Diese starke soziale Bindung der Erziehung ist aber im heutigen Amerika nur noch z. T. wiederzufinden und taucht in merkwürdiger Doppeldeutigkeit auf: Zwar bestätigen Forderungen nach sozialistischem Engagement, der Stellenwert von Kursen wie „social studies" und „extracurricular activities" und Belobigungen für sozialen Einsatz den anerkannten Stellenwert sozialer Aktivitäten, andererseits gilt schon in der Schule kompromißlos das Gesetz der Konkurrenz: Schüler lernen und arbeiten für sich und ihren persönlichen Erfolg, selten für ihre Gruppe, ihren Kurs o. ä.. Die Entwicklung zu einer hochindustrialisierten Konkurrenzgesellschaft hat auch das Innenleben der Schule beeinflußt – trotz aller Bekenntnisse zu sozialer Verantwortlichkeit (vgl. Kap. 8).

Es ist gewagt zu versuchen, einen dem amerikanischen politischen Denken so zentralen Gedanken wie dem der citizenship ein knappes Kapitel zu widmen. Aber einerseits wäre ein Beitrag, dem es u. a. um die Aufklärung über Schul- und Erziehungsziele geht, ohne solche Überlegungen unvollständig, andererseits ist es nicht erforderlich, die vielfältigen aktuellen Facetten der Wertvorstellung vom selbstbewußten aufgeklärten Bürger hier auszubreiten. Wichtige Grundideen der amerikanischen Vorstellung von citizenship hat schon Alexis DE TOCQUEVILLE vor gut 150 Jahren beschrieben. Diese Analysen TOCQUEVILLEs sind auch im heutigen USA noch von Bedeutung und werden von amerikanischen Autoren immer wieder herangezogen. Deshalb erscheint ein Rückgriff auf sie berechtigt, auch wenn sich das gesellschaftspolitische Amerika von heute von dem TOCQUEVILLEs stark unterscheidet.

Für TOCQUEVILLE sind es vor allen Dingen zwei Wertvorstellungen, die das Leben der amerikanischen Gesellschaft prägen: die Idee der Gleichheit aller Menschen und die Vorstellung einer individualistisch orientierten Gesellschaft und Politik.

Mit Blick auf die Herkunft der Gesellschaft und Kultur der Amerikaner aus Westeuropa macht TOCQUEVILLE klar, woher dieser Individualismus kommt: „In allem, was die gegenseitigen Pflichten der Bürger angeht, ist er demnach Untergebener. In allem, was nur ihn angeht, ist er Herr. Er ist frei und schuldet Gott allein Rechenschaft für sein Tun. Daher der Grundsatz, daß der Einzelne der beste und alleinige Richter in seinen persönlichen Angelegenheiten ist, und daß die Gesellschaft sich in seine Geschäfte nur einmischen darf, wenn sie sich durch sein Tun verletzt fühlt oder wenn sie seine Mitarbeit benötigt." (TOCQUEVILLE, 72)

Diese Unabhängigkeit des Einzelnen, diese Einforderung des Individualismus, findet sich auch im Schulsektor, wenn sich Eltern in die Gestaltung der Schulen einmischen, wenn eine Gemeinde die Grundlinien der örtlichen

Schulpolitik bestimmt. TOCQUEVILLE sieht auch Grenzen dieser Gleichheitsidee, wenn er sagt: „Die Gleichheit stellt die Menschen nebeneinander, ohne daß ein gemeinsames Band sie zusammenhält." (TOCQUEVILLE, a.a.O., 590) Den Individualismus, den TOCQUEVILLE für eine ausgeprägte amerikanische Eigenheit des vorigen Jahrhunderts hält, betrachtet er als ein Ergebnis dieser Gleichheitsmoral. „Die Amerikaner haben den Individualismus, die Frucht der Gleichheit, durch die Freiheit bekämpft, und sie haben ihn besiegt." Eine praktische Konsequenz dieser Freiheit ist u. a. die Möglichkeit, das politischen Leben mitzugestalten. Hierin sieht TOCQUEVILLE die Erklärung dafür, daß Amerikaner sich bemühten, „jedem Teil des Gebietes ein eigenes politisches Leben zu geben, um die Gelegenheiten zu gemeinsamem Handeln der Bürger ins Unabsehbare zu vermehren und diese täglich spüren zu lassen, daß sie voneinander abhängen." (a.a.O., 591)

Die enge Verquickung der Wertvorstellungen freiheitlich-demokratischen Lebens nach individuellen Vorstellungen und der Notwendigkeit der Entwicklung gemeinsamer Handlungsmaximen für das soziale Leben bilden nach TOCQUEVILLE die entscheidenden Grundlagen für einen „wohlverstandenen Eigennutz", der unvermeidlicher Teil der Idee der citizenship ist. Hierbei handelt es sich nicht nur um eine abstrakte politisch-philosophische Idee, eine Wertmaxime, sondern durchaus um einen Orientierungsmaßstab für Aufgaben, wie sie sich z. B. dem öffentlichen Schulsystem einer solchen Gesellschaft stellen. Die Lehre vom wohlverstandenen Eigennutz, das, was amerikanische Pädagogen als „socializing" bezeichnen, hat hier ihre Wurzeln: Die bewußte Eingewöhnung der Schüler und Studenten in ein Gemeindeleben, das von gemeinschaftlichen Werten getragen ist, aber andererseits dem Individuum alle Entfaltungsmöglichkeiten bietet. „Jeder Amerikaner versteht es, einen Teil seiner Privatvorteile zu opfern, um das übrige zu retten." (ebenda)

Es entspricht exakt diesem Verständnis der amerikanischen Gesellschaft, wenn 1964 das amerikanische Erziehungsministerium folgende beiden Aufgaben für die öffentliche Schulbildung benennt:

„1. Die Entwicklung des Individuums;
2. Die Verwirklichung größtmöglichen gesellschaftlichen Wohlergehens durch gemeinsame Anstrengungen der Einzelnen und Gruppen.“ (US Department of Health, Washington 1964, 4)

So steht zweifellos die Idee der Individualbildung am Ausgangspunkt erzieherischer Zielüberlegungen. Sie ist aber eben nicht nur auf den Nutzen des Individuums gerichtet, sondern in gleichem Maße darauf, dem Wohl der Gesellschaft zu dienen. „Die Verwirklichung größtmöglichen Gemeinwohls hängt ab von der Bereitschaft und Fähigkeit des Einzelnen, sein Können für das Gemeinwohl einzusetzen (. . .). Ein starkes Bewußtsein bürgerlicher Verantwortung und die Fähigkeit mitmenschlichen Umgangs, die man benötigt, um sinnvoll mit anderen Menschen zu arbeiten, sind die wesentlichen Voraussetzungen dafür, eine Gesellschaft durch vereinte Anstrengungen von Einzelnen und Gruppen weiterzuentwickeln.“ (ebd.)

Die Wertvorstellung vom politisch selbstbewußten, unabhängigen und freiheitsliebenden Bürger, der bereit ist, sich selbstverständlich für gemeindlich-gesellschaftliche Ziele zu engagieren, prägt das amerikanische Alltagsleben bis in seine Schulen hinein. Sie spiegelt sich wider in der Bereitschaft, sich für öffentliche oder wohltätige Zwecke zu engagieren, als freier Bürger Verantwortung in den zahlreichen Clubs und Committees zu übernehmen, sie taucht in den Motiven auf, aus denen heraus amerikanische Bürger Mitglieder von Schoolboards oder anderen öffentlichen Gremien werden. Sie ist auch Teil des selbstverständlich akzeptierten Auftrages der Schulen. Dort äußert sie sich nicht nur in der Gewöhnung an bestimmte gemeinschaftsfördernde Rituale (pledge of allegiance, Beflaggung, . . .), sondern auch in der Bewertung bestimmter schulischer Kursangebote (z. B. american history, social studies) und dem Umfang extracurricularer Angebote wie z. B. Physical Education, Local History, Rethoric der Political Clubs. Zwar hat sich die Ausformung dieser Tradition im jeweiligen historischen Kontext immer wieder verändert, die Gültigkeit der Ideen läßt sich aber bis in neueste Dokumente hinein belegen. Hinsichtlich des öffentlichen Bewußtseins trifft zu, was das amerikanische Erziehungsministerium schon

1964 feststellte: „Schulen hatten in den Vereinigten Staaten immer eine große Nähe zum Volk. Ihre Probleme waren Grund zur Besorgnis aller Bürger. Ihre Erfolge waren Anlaß zu gemeinsamem Stolz.“ (a.a.O., III)

In einer aktuellen Analyse interpretieren BELLAH et al. die so begründete und verstandene Idee der citizenship in zwei Richtungen: „. . . zwei der wichtigsten Grundlagen eines guten Lebens sind Erfolg in der eigenen Arbeit und die Freude, die aus dem Dienst am Gemeinwohl entsteht.“ (BELLAH et al. 1985, 196)

Er macht darauf aufmerksam, daß der wachsende Existenzdruck der kapitalistischen Gesellschaft der USA immer häufiger in Konkurrenz gerät zu der ebenfalls in der amerikanischen Gesellschaft hoch geschätzten Wertvorstellung einer erfolgreichen beruflichen Karriere. „Der Wunsch des Individuums nach Erfolg in der Arbeit wird zum Feind des Wunsches, den Sinn der Arbeit im Dienst für Andere zu sehen.“ (ebenda, 197) Er sieht – mit anderen Autoren – eine zunehmende Gefahr, daß die wirtschaftlichen Entwicklungen in den USA immer stärker dazu führen, daß die Bereitschaft zur Übernahme gemeinschaftlicher Aufgaben und Verantwortung zurückgeht und die USA dabei ist, sich zu einer egoistischen Nation zu entwikkeln. Diese sozialpsychologische Analyse, die weiter zu verfolgen nicht nur im Hinblick auf die USA von Interesse wäre, kann hier nicht fortgesetzt werden. Hingewiesen werden soll nur noch einmal darauf, daß dem Schulziel „citizenship“ mit all seinen widersprüchlichen Facetten in amerikanischen Schulen ein hoher Wert zukommt und dort nicht nur deklamatorischen Charakter hat.

Wenngleich es natürlich schwierig ist, ein so abstraktes Ziel wie „citizenship“ im Schulalltag wiederzufinden, befaßt sich doch auch die amerikanische Schulforschung mit diesem Zielbereich. Mit der ausdrücklichen Absicht, die Bereiche schulischer Wertvorstellungen und Aufgaben für Eltern, Lehrer und Mitglieder von Schoolboards zu analysieren und neu zu beschreiben, liefert GOODLAD im Anschluß an eine ausführliche Untersuchung amerikanischer High Schools eine Präzisierung dieser Wertvorstellungen: „Sich selbst zu verstehen ist nicht genug. . . . Schulen sollten Schülern dabei behilflich sein, andere zu verstehen, anzuerkennen und zu schätzen, die anderen sozialen, kulturellen und ethnischen Gruppen angehören als sie selbst, um auf diese Weise Annäherung zu fördern und Entfremdung zu verhindern." (GOODLAD 1984, 53)

„Citizenship participation

1. *Develop historical perspective.*
2. *Develop Knowledge of basic workings of the government.*
3. *Develop a willingness to participate in the political life of the nation and the community.*
4. *Develop a commitment to the values of liberty, government by consent of the governed, representational government, and one's responsibility for the welfare of all.*
5. *Develop an understanding of the interrelationships among complex organizations and agencies in a modern society, and learn to act in accordance with it.*
6. *Exercise the democratic right to dissent in accordance with personal conscience.*
7. *Develop economic and consumer skills necessary for making informed choices that enhance one's quality of life.*
8. *Develop an understanding of the basic interdependence of the biological and physical resources of the environment.*
9. *Develop the ability to act in light of this understanding of interdependence." (GOODLAD 1984, 53)*

Ziel einer solchen Wertorientierung ist es, den einzelnen Schülern Hinweise darauf zu geben, wie und und nach welchen Maßstäben sie ihr persönliches Verhalten kontrollieren und es auf gesellschaftliche Erfordernisse ausrichten können.

Wie wichtig der Beitrag der Schulen zur Verwirklichung des Bildungsziels „citizenship" eingeschätzt wird, geht aus einer Vielzahl von Untersuchungen hervor. In einer Arbeit aus den 60er Jahren zu den Beziehungen zwischen „Class, Citizenship and Social Development" unterscheidet T. H. MARSHALL zwischen bürgerlichen, politischen und sozialen Rechten, um deren Verwirklichung sich verschiedene Institutionen zu kümmern hätten: Gerichte, politische Körperschaften, Sozialdienste *und Schulen.*

Ihre Aufgabe ist es, „allen Mitgliedern der Gemeinde zumindest eine grundlegende Erziehung zu ermöglichen."

(BENDIX 1964, 76) In seiner historisch-soziologischen Analyse des gesellschaftlich akzeptierten Wertes „citizenship“ beschreibt BENDIX die Rolle der Schulen, insbesondere die der Elementarerziehung noch genauer.

> *„In allen westlichen Gesellschaften wurde Elementarerziehung zur Pflicht für alle Bürger. Wir haben es hier vermutlich mit dem historisch frühesten Beispiel zu tun, wie der moderne Staat mit allen seinen Möglichkeiten Mindestanforderungen durchsetzt. Es sind zwei Merkmale, die sie zum Bestandteil staatsbürgerlicher Existenz machen: Die Regierung hat die Zuständigkeit dafür, und die Eltern der Kinder einer bestimmten Altersgruppe (üblicherweise von 6 bis 10 J. oder 12 J.) sind per Gesetz dazu verpflichtet, dafür zu sorgen, daß ihre Kinder die Schule besuchen.“ (a.a.O., 87)*

Im Selbstverständnis amerikanischer Schulen spielt der Auftrag eine große Rolle, die Schüler zu motivieren und zu befähigen, ihre sozialen Rechte wahrzunehmen. Von gleicher Bedeutung ist aber die Aufgabe, Bereitschaft für die Übernahme sozialer Verantwortung zu wecken, zum Wohl der Gemeinschaft wie zum wohlverstandenen eigenen Nutzen. Beide Seiten zusammen ergeben das bedeutende „attribute of citizenship“, das für Nichtamerikaner in seiner Widersprüchlichkeit nur schwer verstehbar ist und das sich umfassend erst in einer ausführlicheren Beschäftigung mit amerikanischen Wertvorstellungen erschließt, die hier nicht vorgenommen werden kann.

6. Öffentliche und private Schulen

Wer noch ein wenig die Entwicklung der amerikanischen Schulen in Erinnerung hat, kann sich nicht darüber wundern, daß private Schulen neben dem öffentlichen Schulsystem in den USA eine große Rolle spielen. Immerhin besuchen heute mehr als 5 Millionen der 43 Millionen amerikanischen Schüler, also etwa 11 %, private Schulen. Später als in Europa und unter größeren Geburtswehen hat sich in den USA das öffentliche Schulwesen aus den Anfängen der privaten Schulen entwickelt (vgl. Kap. 1). Bemerkenswert ist dabei, daß – bedingt durch die engen Verbindungen zum Aufbau eines demokratischen Staatswesens – alle amerikanischen Schulen von Anfang an Sache der Gemeinde waren. Absichten, einer staatlichen Hoheit die Schulaufsicht zu übertragen, ihr Gestaltungs- und Einflußmöglichkeiten zu geben, tauchten in den USA relativ spät auf. Während in den deutschen Staaten die ersten Schulen meist Gründungen der Staatssouveräne waren, blieben sie in den USA bis heute Angelegenheiten der Gemeinden. Etwas pointiert kann man deshalb amerikanische Schulen als „Gemeindeschulen" charakterisieren, während deutsche Schulen tendenziell eher „Staatsschulen" sind. Gerade die privaten Schulen in den USA betonen diesen Gemeindecharakter ganz besonders. Ein wichtiger Grund hierfür ist die Tatsache, daß der weitaus größte Teil der privaten Schulen von religiösen Gruppierungen getragen wird. Die Privatschulen in katholischer Trägerschaft spielen dabei eine besonders wichtige Rolle (vgl. COLEMAN et al. 1982, 1987).

Wie u. a. in Kapitel 1 näher beschrieben, hat es mehr als 200 Jahre gedauert, ehe nach der Landung der ersten europäischen Einwanderer (1620 Landung der Mayflower in Provinceton) in der neuen Welt die Idee eines öffentlichen, staatlich finanzierten Schulwesens Platz griff, und noch weitere 50 Jahre, ehe in den ersten Einzelstaaten in Verbindung mit einem durch Steuern finanzierten öffentlichen Schulwesen die allgemeine Schulpflicht eingeführt wurde. Ein wichtiger Punkt der bildungspolitischen Auseinandersetzung war dabei die Erhebung von Steuern zum Zwecke der Finanzierung der öffentlichen Schulen. Im Bewußtsein vieler Amerikaner galt die Erziehung und Unterrichtung der Kinder lange Zeit als Teil der persönlichen Lebensführung, für die die Allgemeinheit nicht verantwortlich und erst recht nicht finanziell haftbar war. Die Auseinandersetzung hierüber, die in größeren Abständen immer wieder aufflackert (auch unter der Präsidentschaft von Ronald Reagan gab es Versuche, das System der Schulsteuern zu verändern), betrifft immer auch das private Schulwesen. Viele Bürger wollen nicht einsehen, daß sie die öffentlichen Schulen durch ihre Steuern unterstützen, aber gleichzeitig – wenn sie ihre Kinder auf private Schulen schicken – auch noch das enorme Schulgeld dieser Privatanstalten bezahlen sollen.

Für deutsche Verhältnisse überraschend ist ferner, daß den Privatschulen keineswegs – wie häufig in Deutschland – das Odium einer teuren Billig-Erziehung anhaftet. Ganz im Gegenteil: Viel stärker als bei uns gehören im Bewußtsein der Amerikaner öffentliche und private Schulen zum Schulsystem. Auf einer wichtigen Konferenz der privaten Schulträger 1984 stellte einer der dortigen Sprecher treffend fest: „Auf eigenartige, typisch amerikanische Weise ergeben erst beide Seiten das gesamte Schulsystem. Auch wenn es Konkurrenzkampf gibt, wissen die Anhänger jeden Sektors in ihrem Innersten, daß es zwei Seiten der Medaille gibt, und daß jeder den anderen braucht, um zu überleben." (JAMES/LEVIN, 1988, 5)

Was mit diesen zwei Seiten der Medaille gemeint ist, wird noch deutlicher aus einer Beschreibung, wie sie JAMES/LEVIN geben. „Wenn Schulen staatlich finanziert werden, gelten sie als öffentliche Schulen; andernfalls werden sie als Privatschulen angesehen. Aber es dürfte sinnvoller sein, über die Unterscheidung von öffentlicher und privater *Erziehung* grundsätzlicher nachzudenken. Erziehung ist öffentlich, wenn sie der Gesellschaft insgesamt dient, und Erziehung ist privat, wenn sie dem einzelnen und der Familie dient. Angesichts dieser Unterscheidung ist es keineswegs klar, daß Privatschulen nur eine private Erziehung und öffentliche Schulen nur öffentliche Erziehung anbieten." … „Vielleicht kann man sagen, daß Privatschulen einen größeren Anteil an privater Erziehung anbieten als dies öffentliche Schulen tun." (ebenda)

Die enge Verzahnung privater und öffentlicher Erziehung ist besonders deutlich bei Gruppen zu erkennen, die sich aus religiösen Gründen gegenüber öffentlichen Schulen abkapseln, gleichwohl aber die Institution Schule für allgemeine Erziehungszwecke nutzen wollen.

„Die Erziehungsphilosophie der tief religiösen Plain People, die ihre Geschichte zurückführen bis auf die Wiedertäufer der protestantischen Reformation, beruht auf dem Wunsch, die Ideale einer kleinen, ländlichen, autonomen religiösen Gemeinschaft mit ihren engen Familien- und Kirchenbanden fortzuführen.... Die gesamte Entwicklung der öffentlichen Schulen stellte für die Plain People eine Bedrohung ihrer Überzeugungen, ihrer Kultur, ja ihrer gesamten Existenz als Gruppe dar. Also taten sie das, was alle bedrohten oder andersgläubigen Minoritäten in der ganzen Geschichte Amerikas taten, sie gründeten ihre eigenen Schulen." (KRAUSHAAR 1972, 3/4)

Es ist kein Zufall, daß die privaten Schulen in den USA mit wenigen Ausnahmen von religiösen Gruppierungen unterhalten werden:

„Die Zugehörigkeit zu einer Religionsgemeinschaft dient vielen Amerikanern immer noch als wichtigste Grundlage ihres Selbstverständnisses und ihrer sozialen Zugehörigkeit, und die Wahl einer bestimmten konfessionellen Schule bringt klar umrissene ethnische, kulturelle und in gewissem Umfang auch sozioökonomische und berufliche Wertvorstellungen mit sich." (KRAUSHAAR, 6)

Die Schulträger privater Schulen sind zu mehr als 90 % kirchliche Gemeinden. Die wichtigsten Gruppierungen sind:

	Schulen	Schüler	Jahr
Katholische Gemeinden	9.340	2,9 Mill.	1985
Protestantisch-lutherische Schulen	2.480	280.500	1983
Jüdische Schulen (Ganztagsbetriebe)	572	100.200	1983

nach COOPER 1988, 34

Trotz dieser vorurteilsfreien Einstellung zu den privaten Schulen gab und gibt es immer wieder z. T. heftige bildungspolitische Diskussionen um die Privatschulen in den USA. Sie beziehen sich – von zeitbedingten Problemen abgesehen – im wesentlichen auf folgende Fragen:

1. Hat der Staat – d. h. also: haben die Einzelstaaten – das Recht, Steuern zu erheben, um ein öffentliches Schulsystem aufzubauen und zu unterhalten?

2. Darf der Staat, darf die staatliche Schulaufsicht die privaten Schulen in ihrem Lehrbetrieb kontrollieren?

3. Müssen Eltern, die ihre Kinder auf private Schulen schicken und dort teures Schulgeld bezahlen, trotzdem noch Schulsteuern zur Finanzierung der öffentlichen Schulen entrichten?

4. Sind private Schulen in der Lage, eine bessere Erziehung und Ausbildung anzubieten als öffentliche Schulen?

Die Antwort auf die erste Frage dürfte durch die Gerichtsentscheidung im Calmazoo-Case (vgl. Kap. 1) endgültig entschieden sein. Sie steht auch kaum noch zur Diskussion.

Die Antworten auf die zweite Frage, die nach der staatlichen Schulaufsicht privater Schulen, fallen schon nicht mehr so einhellig aus. Auf der einen Seite sichert die 14. Änderung der amerikanischen Verfassung (14. Amendment) private Vorrechte und Freiheiten gegen Eingriffe des Staates: „Kein Staat soll ein Gesetz schaffen oder durchführen, das die Vorrechte oder Freiheiten von Staatsbürgern der Vereinigten Staaten einschränkt . . .“ (Amendment 14, in: Constitution of the United States, 1868). Damit ist nach amerikanischem Rechtsverständnis auch gesichert, daß private Schulen gegründet werden dürfen. Andererseits geben die obersten Gerichtshöfe einzelner Staaten diesen das Recht, bestimmte Bedingungen für die Errichtung privater Schulen zu formulieren und die Einhaltung dieser Bedingungen zu überprüfen. Ausgangspunkt vieler Argumente sind in diesem Fall die garantierten Individualrechte, die jedem Kind das Recht auf Erziehung einräumen (vgl. COOPER 1988, 18-45).

Zusammenfassendes Ergebnis vieler Entscheidungen ist, daß den Einzelstaaten und Schuldistrikts zwar eine gewisse Kontrolle der Schulgründungen und des Schulbetriebes über die Bedingungen für eine ordnungsgemäße schulische Ausbildung zuerkannt wird, daß es auf der anderen Seite aber für Privatschulen Ausnahmeregelungen gibt, die den öffentlichen Schulen nicht zugestanden werden. In neueren Untersuchungen wird allerdings immer wieder betont, daß es letzlich schwierig und willkürlich sei, zwischen privaten und öffentlichen Schulen zu unterscheiden, und daß die „Trennlinie zwischen ‚privat' und ‚öffentlich' sich in dem Umfang verwischt, wie private Schulen öffentliche Aufgaben übernehmen und öffentliche Schulen sich dem Wettbewerb stellen und sich spezialisieren. Diese Verschmelzung wird in gewissem Sinn unterstützt durch das Verständnis, daß jede Erziehung sowohl *öffentlich* (durch die Verpflichtung zur Förderung der persönlichen Entwicklung) als auch *privat* ist (durch den Beitrag zum Gemeinwohl, zu wirtschaftlicher Produktivität und nationalem Wachstum)." (COOPER a.a.O., 42)

Die nicht endende Auseinandersetzungen um die Frage, ob private Schulen eine bessere Erziehung bieten, zeigen zwei Seiten: In der Öffentlichkeit scheint der Glaube daran, daß private Schulen eine bessere erzieherische Arbeit leisten, unerschütterlich zu sein. Hierfür sorgen sowohl die Eltern, die ihre Kinder auf bestimmte private Schulen senden, als auch die jeweiligen Boards of Trustees (Schulbeiräte), die die politisch-erzieherischen Richtlinien privater Schulen entscheidend prägen können, und die ein Interesse daran haben, daß „ihre Schule" einen guten Ruf hat. Auf der anderen Seite stehen seit Anfang der 60er Jahre eine ganze Reihe von empirischen Untersuchungen, die die o. g. Frage empirisch analysiert haben. Ihre Ergebnisse sind durchaus widersprüchlich.

Die differenzierten Untersuchungen von COLEMAN e. a. (1982, 1987) sowie von JAMES/LEVIN (1988) enthalten nur wenig direkt vergleichbare Daten. Sie machen vielmehr nach umfangreichen statistischen Verfahren darauf aufmerksam, daß

- Privatschulen bevorzugt in städtischen Vororten entstehen,

- die Schüler in der Mehrzahl aus religiös orientierten weißen Familien entstammen,
- die Elternhäuser Wert legen auf eine strenge, wertorientierte Erziehung,
- Elternhaus und Privatschule den Kindern gegenüber große Erwartungen hinsichtlich ihres persönlichen Engagements und der Schulleistungen erkennen lassen.

Diese und eine Reihe weiterer Faktoren tragen dazu bei, daß die erzieherische Arbeit der Privatschulen, die an sich weder besser noch schlechter ist als die vieler öffentlicher Schulen, gleichwohl zu einer Reihe besserer Ergebnisse führt, als sie in öffentlichen Schulen erreicht werden. Ansonsten sind die „Qualitätsunterschiede“ zwischen verschiedenen öffentlichen Schulen oft größer als beim Vergleich öffentlich – privat. Kurz: Es sind die besseren – persönlichen und organisatorischen – Voraussetzungen, nicht die bessere erzieherische Arbeit, die Privatschulen auszeichnet.

> *Außerdem ist: „. . . ein beträchtlich größerer Anteil der Leistungsunterschiede im Vergleich der Privatschulen untereinander als im Vergleich zu den öffentlichen Schulen zu beobachten. (COLEMAN 1982, 146)*

Unter den erläuterten Voraussetzungen sind aber „etwas höhere Leistungen des Privatschulsektors beim Vokabelwissen und in Mathematik . . .“ festzustellen. (COLEMAN, 151)

Für die weitere Schullaufbahn- und Lebensplanung ist ein weiteres Ergebnis erhellend: „. . . bei kontrolliert gehaltenen familiären Voraussetzungen zeigen sich bei Schülern katholischer Schulen die höchsten Ausbildungserwartungen, dann folgen Schüler anderer Privatschulen, bei Schülern öffentlicher Schulen sind die Ausbildungserwartungen am geringsten.“ (ebenda , 155) Wie differenziert all diese Ergebnisse betrachtet werden müssen, belegt die Tendenzaussage, wonach Schüler aus Elternhäusern mit geringerem Bildungsstand am besten in katholischen Privatschulen und am schlechtesten in öffentlichen Schulen gefördert werden. Auch die Tatsache, wonach Schüler von Privatschulen oft bessere Lernleistungen zeigen, ist nicht direkt auf besseren Unterricht, sondern u. a. darauf zurückzuführen, daß Privatschulen mehr Wert legen auf ordentliche Hausarbeiten und hierfür mehr Zeitaufwand erwarten, im Durchschnitt 1.5 – 3 Stud./Woche mehr.

Auch andere „Sekundärfaktoren“ wie Schuldisziplin, Anzahl und Art der gewählten Kurse, regelmäßiger Schulbesuch, Teilnahme an nichtunterrichtlichen Veranstaltungen tragen, wofern sie positiv sind, generell zur Leistungssteigerung bei. Da Privatschulen hierauf häufig mehr Wert legen, schlägt sich dies in besseren Leistungen nieder. Auch der härtere Konkurrenzkampf in privaten Schulen mag dazu beitragen, er fördert aber auch ein ungünstigeres affektives Schulklima. Gesamtgesellschaftlich stützen Privatschulen eher eine Trennung nach rassischen, ökonomischen und religiösen Merkmalen.

In der öffentlichen Meinung spielt außerdem die stärkere persönliche Betreuung der Schüler in den privaten Schulen eine Rolle. „Es gibt eine starke Neigung, Schulqualität danach zu beurteilen, wie individuell die Schüler betreut werden.“ (KRAUSHAAR, 7; vgl. GALLUP 1969)

Interessant, weil in unseren Diskussionen kaum so gesehen, ist eine Einstellung amerikanischer Eltern und gelegentlich auch der Schüler gegenüber privaten Schulen. Sie bemerken jeden Monat beim Zahlen des Schulgeldes, daß eine private Schulausbildung teuer ist. Für diese finanzielle Leistung erwarten und verlangen sie eine gute Gegenleistung der Institution, die das Geld kassiert. Diese Grundeinstellung mag es möglich machen, daß die Unterhaltung einer privaten Schule durchaus als normale „entrepreneurship“, als Führung eines wirtschaftlichen Unternehmens verstanden wird. Es bietet Leistung an, die bezahlt werden muß, es muß sich im „Markt“ behaupten und Gewinn abwerfen. Dabei zeigt sich der Gewinn nicht nur in den Leistungen gut ausgebildeter Schüler, sondern auch in der Finanzkraft und dem erfolgreichen Management des Schulbetriebes. (Es gehört zur Reputation der privaten Harvard University, daß sie eine der reichsten Universitäten mit beträchtlichem Immobilienbesitz ist.)

So wie die einzelnen Eltern das Recht haben, für ihre Kinder eine private Schule zu wählen oder nicht, haben die privaten Schulen im Unterschied zu den öffentlichen Schulen das Recht, Schüler zuzulassen oder nicht. „Nicht jeder muß sie besuchen, die anderen müssen nicht jeden aufnehmen.“ (KRAUSHAAR, 8) Gerade diese Möglichkeit, die Schüler auszuwählen, scheint eines der durchgreifendsten Charakteristika amerikanischer Privatschulen zu sein. Dabei kann diese Auswahlpolitik durchaus völlig gegensätzlichen Prinzipien folgen: Für zahlreiche Eltern enthält sie die Möglichkeit, ihr Kind zu seinesgleichen zu schicken, d. h. es mit Kindern gleicher Hautfarbe, ähnlicher Herkunft usw. zusammenzutun, während es anderen Privatschulen gelingt, „a better ethnic mix“ zu erreichen als zahlreiche öffentliche Schulen, denen dies selbst unter den zweifelhaften Bedingungen des busing nicht gelingt. Für KRAUSHAAR ist die Zulassungsfrage „one of the very significant educational differencies“ (11) zwischen privaten und öffentlichen Schulen. Beim Rätselraten darüber, was denn private Schulen eigentlich besser machen, wird immer wieder die motivationale Grundeinstellung von Schülern betont, die von einer Schule mit eigenem Profil aufgenommen werden. Sie fühlen sich dort willkommen und begrüßt, während öffentliche Schulen gelegentlich wie Zwangsanstalten wirken. Daneben gibt es eine Reihe von institutionellen Merkmalen, die schon in frühen Untersuchungen genannt werden: „Für Privatschulen ist es typisch, eine überschaubare Größe und enge menschliche Beziehungen, die unbelastet von bürokratischen Hindernissen sind, für erforderlich zu halten. Ziel ist es, eine familiäre, persönliche Erziehung unter Leitung eines Direktors oder Schulleiters anzubieten, der eine weitgehende Delegation seiner Befugnisse akzeptiert.“ (KRAUSHAAR, 12)

Für viele konservative Amerikaner sind Glaubenszugehörigkeit und aktive Religionsausübung Bestandteil einer soliden Erziehung. Eine nähere Betrachtung der Anteile der privaten Schulen am Schulbesuch bestätigt denn auch, daß wachsende Zahlen oft einhergingen mit besonderen religiös-kirchlichen Wellen in der Bevölkerung. Die religiös-weltanschauliche Bindung von Privatschulen und der sie unterstützenden Eltern führt dazu, daß diese Schulen insgesamt leichter zu einem homogenen Bild zusammenführen. „Es ist eine natürliche Entwicklung in einer selektiven Schulgemeinschaft, ihren eigenen Leuten zu dienen. Folglich haben die Förderer und Schüler, die Schulleiter und Lehrer, die Kuratoren und unvermeidlich auch die Ehemaligen einen gemeinsamen ethnischen, religiösen oder schichtspezifischen Hintergrund.“ (KRAUSHAAR, 93) Die starke Bindung amerikanischer Privatschulen an ein ausgeprägtes Wertesystem und eine Gemeinde, die dieses Wertverständnis trägt und – wenigstens z. T. – praktiziert, spiegelt sich auch in den Argumenten wider, die amerikanische Lehrer für ihre Tätigkeit an einer Privatschule nennen: Für religiös gebundene Lehrer (katholische und protestantische) sind eine religiöse Atmosphäre, Glaubensverpflichtung und eine darauf basierende Erziehung besonders wichtig. Religiös unabhängige Lehrer schätzen mehr das pädagogische Engagement, ihre pädagogische Freiheit und die kleineren Klassen an den Privatschulen. Beiden Gruppen ist der stärkere Gemeinschaftssinn an diesen Schulen wichtig. (vgl. KRAUSHAAR, 149)

Wer Gelegenheit hatte, sich mit dem Informationsmaterial privater Schulen und Colleges zu befassen, das von diesen Institutionen an Interessenten herausgegeben wird, wird sich darüber wundern, wie hier für Erziehungsinstitutionen geworben wird. Auch wenn dieser Stil inzwischen bei uns zu beobachten ist, verbinden sich mit unseren Vorstellungen einer seriösen Erziehung immer noch der Verzicht auf Werbung, die Überzeugung, daß eine gute Sache wie Erziehung für sich selbst spreche. Aber für viele Amerikaner ist der Erziehungssektor ein Geschäftssektor wie jeder andere. Wer etwas Gutes zu verkaufen hat, sollte dies mitteilen. Auch der Vorwurf, private Schulen seien „Eliteschulen“, ist vielen Amerikanern unverständlich. Ganz im Gegenteil: Die Notwendigkeit des Vorhandenseins besonders anspruchsvoller Schulen wird ohne Probleme anerkannt. „Der Zuwachs an ortsnahen privaten koedukativen Tagesschulen bestätigt den wachsenden Bedarf an leicht zugänglichen privaten Eliteschulen, die früher nur von Internatsschülern besucht werden konnten.“ (JAMES/LEVIN, 27) Wenn es eine Nachfrage nach guten Privatschulen für Eliteschüler gibt, sollte diese Nachfrage befriedigt werden. Hierbei geht es nicht nur um eine öffentliche Aufgabe, sondern um die Anerkennung und Bedienung von Bedürfnissen, die zur Lebensgestaltung vieler Familien gehören.

„Der Kauf einer guten Schulbildung ist in unserer Gesellschaft die größte Entscheidung, die man nur einmal fällt." (JAMES/LEVIN, 43)

Der Wunsch, eine schulische Ausbildung in einer Privatschule für die eigenen Kinder „zu kaufen", ist in der amerikanischen Gesellschaft unterschiedlich verteilt. So gibt es eine größere Nachfrage nach Plätzen in privaten, konfessionellen Kindergärten und Grundschulen, wohingegen der Bedarf im Bereich der Sekundarstufe I geringer ist. Auch die regionale Verteilung ist unterschiedlich. Im Nordosten der Vereinigten Staaten, etwa von New York bis Philadelphia, und im nördlichzentralen Bereich, etwa von Minneapolis bis Chicago, finden sich deutlich mehr private Schulen als im Süden oder Westen. Die Gründe hierfür sind vielfältig und im Hinblick auf die Privatschulen bis jetzt relativ wenig erforscht. Bemerkenswert ist ferner ein Stadt-Land-Gefälle und ein deutliches Gefälle im Vergleich der verschiedenen Rassen zueinander. Daß diese unterschiedliche Rassenverteilung bei den Privatschulen mit einer signifikant unterschiedlichen Vermögensverteilung einhergeht, kann nicht überraschen. Die Tabellen 6.1 und 6.2 geben hierüber Auskunft.

Tab. 6.1: *Demographische Characteristics and Current School Choice*

	Proportion within sub-group choosing:		
Variable	*Public schools*	*Private schools*	*(N)*
All Respondents	71.3	28.7	(476)
Race			
White	71.1	28.9	(436)
Non-White	68.6	31.4	(35)
Religion			
Protestant	77.8	22.2	(230)
Catholic	61.3	38.7	(191)
All others	78.3	21.7	(46)

Tab. 6.2: *Family Income and Current School Choices*

Variable	*Proportion within sub-group choosing:* Public schools	Private schools	(N)
Family Income			
Less than $ 15.000	72.1	27.9	(61)
$ 15.000-25.000	76.8	23.2	(99)
$ 25.000-50.000	66.7	33.3	(210)
$ 50.000-	73.3	26.7	(86)

Wenn man weiß, daß Privatschulen je nach Ort, Ausstattung und Anspruch ein Schulgeld von 500,– bis 10.000 $ pro Jahr verlangen, ist es verständlich, daß es um die Finanzierung der privaten Schulen immer wieder politische Auseinandersetzungen gegeben hat.

Häufig ist dabei von einem Gutscheinsystem (vouchersystem) die Rede gewesen, bei dem daran gedacht ist, den Eltern für jedes schulpfichtige Kind einen gewissen Anteil der Kosten aus Steuermitteln zu erstatten, also gewissermaßen einen Schulgutschein auszustellen. Den Eltern bliebe es dann überlassen, diesen Gutschein für den Besuch einer öffentlichen oder privaten Schule zu verwenden und evtl. bestehende Zusatzkosten selbst zu bezahlen. Noch unter der Regierung Reagan ist ein solcher Vorschlag, für den die Bundesregierung eigentlich garnicht zuständig ist, diskutiert, aber verworfen worden.

Wie groß das Interesse amerikanischer Eltern an den Private Schools ist, verdeutlichen einige Zahlen. Die Gunst der Öffentlichkeit gegenüber den privaten Schulen ist dabei seit Jahren ungefähr so groß wie die für die öffentlichen Schulen. Die Angaben liegen nur einige Prozente auseinander. Auf die Frage, auf welch eine Schule Eltern ihr Kind schicken wollten, gab es nach GALLUP-Umfragen folgende Antworten:

	1982	1986
private schools	45 %	49 %
public schools	47 %	46 %
keine Angaben	8 %	5 %

In ähnliche Richtung deuten die Antworten auf die Frage, ob private Schulen aus Steuermitteln finanziell unterstützt werden sollten.

	1970	1986
dafür	48 %	42 %
dagegen	44 %	50 %
keine Angaben	8 %	8 %

Ein weiterer Index für die Popularität der Privatschulen ist das oben schon erläuterte „voucher system". Man darf interpretieren, daß alle diejenigen, die sich für ein voucher system aussprechen, erhebliche Vorbehalte und Mißtrauen gegenüber dem public school-System haben. Hier die Zahlen:

	1970	1986
dafür	43 %	46 %
dagegen	46 %	41 %
keine Angaben	11 %	13 %

Besonders interessant sind natürlich die Gründe, die für die Bevorzugung der Privatschulen genannt werden. In den Vorstellungen der befragten Eltern zeichnen sich Privatschulen gegenüber öffentlichen Schulen durch folgende Merkmale aus.

Parents send their eldest child to		*because of*	
Private school	45 %	Higher standard of education	8 %
Public school	47 %	Better discipline	27 %
Dont't know	8 %	More individual attention	21 %
		Smaller class size	17 %
		Better curiculum	12 %
		Quality of teachers	11 %
		Religious/moral reasons	5 %
		Parents have more input	3 %
		Miscellaneous	10 %
		Don't know	1 %

Es sei noch einmal betont: Dies sind die Gründe, die nach Meinung der befragten Eltern den Privatschulen ein Plus geben, sie korrespondieren nur z. T. mit empirischen Untersuchungen, die diese Einschätzungen belegen. So kann man auch für die USA sagen, daß die Privatschulen vor allem von ihrem guten Ruf leben, ungeachtet dessen, ob er berechtigt ist oder nicht.

Viele Beobachtungen und Entwicklungen in amerikanischen Schulen, besonders in der Gegenüberstellung von öffentlichen und privaten Schulen deuten darauf hin, daß sich der gute Ruf, die positive Einschätzung, die die privaten Schulen dort erfahren, nicht nur mit schulimmanenten Gründen erklären läßt. Manches spricht dafür, daß auch bestimmte amerikanische Eigenarten, mit privaten und öffentlichen Belangen umzugehen, sich hier widerspiegeln. Natürlich ist es außerordentlich schwierig, Merkmale wie „typisch amerikanisch" oder „typisch deutsch" näher zu bestimmen, dazu sind sie viel zu amorph. Es sei aber daran erinnert, daß Kurt LEWIN bereits 1936 versuchte, „sozialpsychologische Unterschiede zwischen den Vereinigten Staaten und Deutschland" näher zu bestimmen. In seinen feldtheoretischen Überlegungen kommt er zu dem Schluß, daß für die USA „die Aufteilung des Erziehungsbereichs in vergleichsweise gegensätzliche Regionen mit strengen Grenzen für weite Gebiete des sozialen Lebens charakteristisch zu sein" scheint. „Auch die größere Achtung vor dem Kinde scheint in dem allgemeinen amerikanischen sozialen Leben ihre Parallelen zu haben. Der Durchschnittsamerikaner zögert offenbar viel mehr, sich in eine Situation einzumengen, in der irgend jemand anderes sich befindet.“ (LEWIN, 37) Auch wenn die Beobachtungen LEWINs mittlerweile gut 50 Jahre zurückliegen, haben sich die historischen Wurzeln, von denen aus sie sich entwickelt haben, kaum verändert. Wenngleich man insgesamt davon ausgehen kann, daß vor allem nach dem 2. Weltkrieg eine weitere Angleichung bestimmter gesellschaftlicher Strukturen in Deutschland an die in den USA stattgefunden hat, dürften einige der von LEWIN erkannten Unterschiede weiterhin bestehen. Hierzu gehört beispielsweise, „daß in den Vereinigten Staaten mehr Regionen der Menschen als öffentlich interessierend angesehen werden als in Deutschland.“ (ebenda 50)

Auf die privaten Schulen bezogen bedeutet dies, daß es den Amerikanern kaum Schwierigkeiten bereitet, den Wunsch bestimmter Teile der Bevölkerung nach privaten Schulen und deren Einrichtung anzuerkennnen. Andererseits unterliegen die dann eingerichteten Schulen aber mit genau der gleichen Selbstverständlichkeit dem öffentlichen Interesse und der öffentlichen Aufsicht. Ähnlich günstig dürfte ein weiteres von LEWIN beschriebenes Merkmal wirken, wonach der Amerikaner „im Vergleich zu dem Deutschen Leistung mehr als Ideologie oder Rang“ betont. (52)

Die Urteilsbildung über die Leistung der Schulen vollzieht sich in der amerikanischen Öffentlichkeit – ähnlich wie in Deutschland – weitgehend unter Außerachtlassung der Ergebnisse wissenschaftlicher Untersuchungen. Dies gilt auch für den Vergleich von privaten und öffentlichen Schulen. Die hier nur in wenigen Ausschnitten dargestellten Ergebnisse der Vergleichsstudie zwischen öffentlichen und privaten Schulen sind in einer Folgeuntersuchung ihrer 82er Untersuchung bestätigt worden, die COLEMAN/HOFFER als 3jährige Längsschnittstudie durchführten. Sie verfolgten die Leistungsentwicklung von Schülerkohorten von der 10. (Sophomore-) bis 12. (Senior-)Klasse, also bis zur Schulentlassung. Benutzt wurden dafür standardisierte Tests in den Lernbereichen

Leseverständnis
Vokabeln (Wortschatz)
Mathematik
Naturwissenschaften
Sozialkunde
Rechtschreibung

Das Ergebnis ist überraschend: „ . . . als erstes Ergebnis kann man festhalten, daß nicht viel von dem, was diese Tests messen, in den zwei Jahren Schule dazugelernt wurde.“ (COLEMAN 1987, 64) Den genaueren Zuwachs zeigt die Tabelle 6.4.

Bei einem Vergleich zwischen öffentlichen und Privatschulen streut der Leistungszuwachs erheblich, es ist keine eindeutige Dominanz einer der Schularten festzustellen.

Interessanter als die sehr differenzierten Leistungsvergleiche sind aber noch einige andere Ergebnisse der COLEMAN/HOFFER-Studie. Wir haben bereits an mehreren Stellen auf die enge Bindung von Privatschulen an „ihre“ Gemeinden in den USA aufmerksam gemacht. COLEMAN/HOFFER sprechen hier von einer „value community“, einer Wertegemeinschaft, die sich stärker um die Privatschulen kümmert als dies eine öffentliche Gemeinde, eine „functional community“ tut.

„Aus diesen Überlegungen ergibt sich, daß Wertvorstellungen, die in einer Wertegemeinschaft entstehen, ein Umfeld bilden, das dem Lernen förderlicher ist als eine Wertorientierung, die sich auf die Autorität einer Funktionsgemeinschaft stützt.“ (COLEMAN/HOFFER, 62)

„Wenn diese Faktoren statistisch kontrolliert gehalten werden, ergibt sich allerdings, daß Schulunterschiede nur in einem geringen Maß für unterschiedliche Schülerleistungen verantwortlich gemacht werden können.“ (COLEMAN 1970, 24)

Aber es ist nicht das Vorhandensein einer Wertegemeinschaft allein, das den Einfluß einer schulischen Erziehung und einer günstigen Schulentwicklung fördert. Wesentliches Merkmal einer funktionierenden Gemeinschaft ist nach COLEMAN et al., daß diese Gemeinschaft als positives soziales Kapital (social capital) wirksam wird. Hiermit

Tab. 6.4: Sophomore and Senior Achievement Test Means and Standard Deviations by Grade Level and Sector: 1980 Sophomore Cohort

Test	Public			Catholic			Other Private			High-Performance Private		
	10	12	Gain	10	12	Gain	10	12	Gain	10	12	Gain
Vocabulary (21)	11.05 (4.27)	12.80 (4.50)	1.75	13.08 (3.91)	15.18 (3.72)	2.10	13.33 (4.49)	15.68 (4.00)	2.35	17.57 (2.54)	18.92 (2.54)	1.35
Reading (19)	9.28 (3.87)	10.29 (4.13)	1.01	10.69 (3.59)	12.03 (3.75)	1.34	10.81 (4.06)	12.35 (3.75)	1.54	14.62 (2.82)	14.71 (3.29)	0.09
Mathematics (38)	19.14 (7.36)	20.60 (8.09)	1.46	22.10 (6.50)	24.49 (7.15)	2.39	23.20 (7.59)	24.84 (8.27)	1.64	30.28 (4.57)	31.65 (4.91)	1.37
Science (20)	11.19 (3.73)	11.98 (3.77)	0.79	12.09 (3.23)	12.95 (3.23)	.93	12.68 (3.29)	13.29 (3.44)	0.61	15.14 (2.29)	15.55 (2.76)	0.41
Writing (17)	10.49 (3.87)	11.80 (3.87)	1.31	12.12 (3.39)	13.58 (3.02)	1.46	11.89 (3.69)	13.42 (3.50)	1.53	14.81 (1.81)	15.07 (2.60)	0.28
Civics (10)	5.92 (2.02)	6.76 (2.10)	0.84	6.61 (1.85)	7.44 (1.81)	0.83	6.57 (1.74)	7.73 (1.93)	0.96	7.78 (1.38)	8.28 (1.79)	0.50

ist zweierlei gemeint: Einmal das Vorhandensein von sozialen Beziehungen zwischen den beteiligten Personen, zum anderen eine Ausrichtung dieser Beziehungen auf die eine Gemeinschaft konstitutierenden gemeinsamen Werte. Gegen die bekannten Merkmale materielle Güter (physical capital) und menschliches Kapitel (human capital) werden die Sozialbeziehungen wie folgt voneinander abgegrenzt.

„Neben dem menschlichen Kapital gibt es allerdings noch etwas völlig anderes und von ihm Unterscheidbares, aber nicht weniger Wichtiges, das wir soziales Kapital genannt haben. Physisches Kapital ist leicht faßbar, da es sich in beobachtbarer materieller Form verkörpert, menschliches Kapital ist schwerer faßbar, da es sich in den Fertigkeiten und im Wissen des Einzelnen niederschlägt; soziales Kapital ist am wenigsten greifbar, weil es aus den Beziehungen der Menschen zueinander besteht. Genauso wie physisches und menschliches Kapital erleichtert auch soziales Kapital produktive Tätigkeiten." (COLEMAN/HOFFER, 221)

Mit Rückgriff auf Detailuntersuchungen des Sozialhintergrundes von Schulabbrechern (dropouts) und einer differenzierten Betrachtung der nachschulischen Ausbildungswege stellen die Autoren überzeugend die Bedeutung einer funktionierenden Sozialgemeinschaft der Schule wie auch der Familie dar. Sie beschreiben die Sozialbeziehungen innerhalb der Familie und der Schule als die entscheidende Größe, die den weiteren Lebensweg eines Schülers bestimmt.

Zum anderen entwickeln sie auch für die öffentlichen wie die privaten Schulen ein Merkmalsraster hinsichtlich der dort zu findenden menschlichen und sozialen Beziehungen, die in Verbindung mit den häuslichen Sozialerfahren zu Empfehlungen für den richtigen Schultyp entwickelt werden können. Wann immer – ob in einer öffentlichen oder in einer Privatschule – diese sozialen Beziehungen verloren gehen, entsteht ein tatsächlicher Verlust der Entwicklungschancen für Heranwachsende.

Aus dieser Betrachtungweise ergibt sich eine der wesentlichen Ursachen für die Ergebnisunterschiede bei öffentlichen und privaten Schulen: Es sind die unterschiedlich starken sozialen Beziehungen innerhalb der Familien, die von den schulischen Institutionen unterstützt und ergänzt werden oder nicht. Ausschlaggebend für die Effektivität einer schulischen Erziehung ist also die Intensität bestehender Sozialbeziehungen und ihre Anknüpfung an solche Beziehungen, wie sie innerhalb von Wertegemeinschaften entstehen und dort gepflegt werden.

Wenn diese Unterstützung schulischer Institutionen durch funktionierene Sozialbeziehungen verloren geht, sehen COLEMAN u. a. die Funktion der gesamten Einrichtung gefährdet. „Am sinnvollsten wäre es, wenn wir die Institutionen, in die wir Kinder schicken, radikal verändern und aus den Schulen, wie wir sie jetzt kennen, etwas völlig anderes machen würden." (231) Hinsichtlich der bestehenden Schulen heißt dies für COLEMAN u. a.: eine Schulreform ist dringend erforderlich.

Die intensiven Untersuchungen vom COLEMAN e. a. und deren z. T. heftige Diskussionen durch amerikanische Schulforscher (vgl. Harvard Educational Review 1981, H. 4.; Sociology of Education 1982, H. 3) haben durch ihr umfangreiches Material die Detailkenntnisse über verschiedenste Merkmale der öffentlichen und privaten Schulen vergrößert und zahlreiche methodische Wege aufgezeigt, auf denen die Leistungen von Schulen gemessen und verglichen werden können. Aus der differenzierten Betrachtung verschiedenster Schulleistungsfaktoren ergab sich als wichtigste Erkenntnis, daß eine einfache Antwort auf die Frage „Fördern private Schulen ihre Schüler besser als öffentliche Schulen?" nicht möglich ist. Zwar bestätigen COLEMAN et al., daß bei vielen Privatschulen Merkmale zu finden sind, die Schülerleistungen besonders zu fördern scheinen. Im Unterscheid zu anderen Autoren ziehen sie daraus nicht den Schluß, daß Privatschulen generell überlegen seien. Vielmehr betonen sie immer wieder, daß es mehr als die Arbeit der Schulen selbst eine ganze Reihe von günstigeren Voraussetzungen sind, die in begrenzten Bereichen zu besseren Leistungen von Privatschülern führen. Wären solche Bedingungen – interessierte, gebildete Eltern, gute Disziplin, hohe Leistungserwartungen – für öffentliche Schulen gegeben, seien kaum noch Unterschiede zwischen privaten und öffentlichen Schulen auszumachen.

„Die Faktoren, in denen sich katholische wie andere Privatschulen besonders deutlich von öffentlichen Schulen unterscheiden . . ., sind Disziplin und Schülerverhalten." (COLEMAN et al. 1982, 73)

„. . . größere Disziplin und höhere Lernanforderungen, wie sie die Privatschulen generell auszeichnen, erklären in hohem Maß die Unterschiede der Leistungsdurchschnitte in den beiden Sektoren . . ." (a. a. O., 181)

Während COLEMAN und andere Bildungsforscher hieraus die Konsequenz ziehen, die öffentlichen Schulen müßten mit ähnlich günstigen Arbeitsbedingungen ausgestattet werden wie viele Privatschulen, um die Chancen aller Schüler unabhängig von ihrem Elternhaus und ethnischem Herkommen zu verbessern, sieht die amerikanische Öffentlichkeit die Schulszene weniger differenziert: Wer seinen Kindern eine gute schulische Ausbildung zukommen lassen möchte, schickt sie auf eine Privatschule, schränkt sich wegen des hohen Schulgeldes für seine Kinder ein, engagiert sich für diese Schule und unterstützt die hohen Berufs- und Lebenserwartungen, die von der Schulgemeinde vertreten werden. – Freie Bahn dem Tüchtigen, – jeder hat seine Chance! Der Vergleich einer kleinen Schule in einem ländlichen Bezirk mit hoher Arbeitslosigkeit oder einem innerstädtischen Schulbezirk einer der amerikanischen Großstädte und ihrer Konzentration von ethnischen Minoritäten mit der Schülerpopulation eines reichen, weißen Vorortes macht unmißverständlich deutlich, welche Schülergruppierungen diese Art von Chancengleichheit am ehesten vorfinden und am besten nutzen.

7. Lehrerausbildung – Lehreransehen

Seit den frühen Tagen der ersten öffentlichen Schulen bis heute beklagen sich Gemeinden und Mitglieder von School Boards über schlechte Lehrer, hadern Lehrer mit miserablen Arbeitsbedingungen, zu niedrigen Gehältern und ihrem geringen Ansehen. Der Volksmund trifft dies schonungslos: „Those who can, do. Those, who can't, teach." (Wer etwas kann, tut es. Wer nichts kann, wird Lehrer.) Doch auch wissenschaftliche Untersuchungen zur Bedeutung des Lehrers zeichnen kein anderes Bild. Schon bei den ersten Schulgründungen war der Einfluß der „Committeemen", der Mitglieder des School Board, der „Patrons" größer als der der Lehrer. „Keine Schulverwaltung diente dem Lehrer als Puffer zwischen sich und den Gemeindeältesten, das Gefühl, zu einer anerkannten Berufsgruppe zu gehören, fehlte ihm weitgehend. Dem Lehrer blieb die Rolle eines Dieners der Gemeinde. Seine Autorität kam aus seiner Person, nicht aus dem Amt des Schulmeisters." (TYACK 1974, 19)

„Obwohl die Schule eine Kraft ist, welche die Steigerung des kulturellen und sozialen Niveaus der USA bezweckt, stehen ihr nur wenig Möglichkeiten zur Verfügung, dies erfolgreich zu tun, weil zu wenige – von einigen besonders gut ausgebildeten Lehrern abgesehen – mit den Maßstäben vertraut sind, die in oberen Schichten unserer Gesellschaft anerkannt werden." (HILLWAY 1964)

„So haben Lehrer noch nie irgendeinen Bereich praktischer Arbeit ihren eigenen nennen können, in dem sie unbestritten die Verantwortung trugen und die Fachleute waren; die tagtäglichen Arbeiten, die pädagogische Theorie und berufsbezogener Sachverstand wurden von Personen aus anderen Bereichen dominiert." (LORTIE, 12)

Dies hat sich bis heute wenig geändert, obwohl seit Beginn diesen Jahrhunderts eine geordnete Lehrerausbildung – häufig auf Collegeebene – eingerichtet wurde und eine umfangreiche Schulbürokratie entstand. Die Klagen darüber, daß sich vorwiegend schlechter qualifizierte Studenten für den Lehrerberuf entschieden und zudem noch mangelhaft ausgebildet würden, sind geblieben. Die Gesellschaft weist ihnen eine „shadowed position" zu (LORTIE 1975, 10). Allerdings gehen die Einschätzungen der

Professionalität von Lehrern durch Wissenschaftler einerseits und Politiker oder Geschäftsleute andererseits weit auseinander. Für CALLAHAN/CLARK ist Lehren etwas anderes als „eine Arbeitsweise, eine Fertigkeit, geschweige denn Wissenschaft“ (1977, 14), sie schließen sich TRAVERS/DILLON an, die Lehren als eine der „great performing arts“ (großen darstellenden Künste) definieren (1975).

In ihrem Bericht über die Lage der amerikanischen Schulen „A Nation at Risk“ beklagt eine Regierungskommission die Qualität der Lehrer: „Zu viele Lehrer kommen aus dem unteren Viertel der graduierten Schulabgänger und Collegestudenten.“ (NCEE 1983, 22)

Nur wenige in der Öffentlichkeit werden deshalb bereit sein, Lehrern die Aufgaben zuzuerkennen, wie sie CALLAHAN/CLARK beschreiben:

„– *Führer und Berater (Guide and Mentor)*
– *Vermittler der Kultur (Mediator of the Culture)*
– *Gesellschaftspolitiker (Policy Maker)*
– *Verwalter (Bureaucrat)*
– *Verbindungsperson zur Gemeinde (Liaison with the Community)“ (a. a. O. 1977, 17)*

Es sind nicht nur die unterschiedlichen, oft ideologisch begründeten Vorstellungen von den Aufgaben der Schule, die dazu führen, daß über die Aufgaben der Lehrer so verschiedene Vorstellungen herrschen. Die faktischen Unterschiede in der Lehrerausbildung der einzelnen Staaten in Niveau, Dauer und Abschluß tragen erheblich dazu bei, daß es kaum gelingt, in der amerikanischen Öffentlichkeit ein einheitliches Bild der Berufsaufgaben von Lehrern zu entwickeln.

Generell lassen sich drei Formen beschreiben, wie Studenten in den USA Lehrer werden können:

– In einigen Staaten genügt der Nachweis eines „Bachelor of Art“-Abschlusses (4 Studienjahre) an einem College oder der School of Education einer Universität, um als Lehrer akzeptiert zu werden. (Mit dem BA schlossen 1961 61,9 %, 1987 48,3 % aller Lehrer ihr Studium ab.)

- Viele Einzelstaaten verlangen aber heute den „Master of Education“ (BA + 2 Jahre = ME, MA), den sie als Lehrerqualifikation anerkennen. (1961: 23.1 %. 1986: 50,7 %. NEA 1987, 11)
- Wieder andere Einzelstaaten begnügen sich nicht mit einem Universitätsexamen, sondern führen ein eigenes Examen oder besondere Tests durch. Erst nach Bestehen dieser Tests werden Studenten „certified teachers“ (z.B. Kalifornien).

Die Praxis in den einzelnen Staaten ist sehr unterschiedlich, generell ist aber eine Steigerung der Ansprüche und die Forderung des MA-Abschlusses zu beobachten, was den Forderungen vergleichbar ist, wie sie die 1983 eingesetzte National Commission erhoben hat. Ziel dieser Verbesserungsvorschläge ist es, „Lehren zu einem besser vergüteten und anerkannten Beruf zu machen.“ (NCEE, 30)

„Personen, die sich auf den Lehrerberuf vorbereiten, sollten hohe Ausbildungsanforderungen erfüllen, Begabung fürs Lehren und Fähigkeiten in einem Fach zeigen.“ (ebd.)

Die Bezahlung soll besser werden und leistungsbezogen erfolgen. Die Jahresverträge sollen auf 11 Monate ausgedehnt, bessere Beförderungsmöglichkeiten entwickelt, zur Behebung des Lehrermangels in naturwissenschaftlichen Fächern soll Fachpersonal außerhalb der Schule gesucht und der Lehrerberuf durch besondere Vergünstigungen attraktiver gemacht werden.

Aber dies sind die unverbindlichen Vorschläge einer Regierungskommission aus Washington, die keinerlei Zuständigkeiten in den Einzelstaaten hat. Vorschläge der Bundesregierung werden – ähnlich wie in der Bundesrepublik – mit Argwohn betrachtet und auch Finanzhilfen keinesfalls selbstverständlich akzeptiert. Das Ergebnis ist eine bunte Vielfalt in der Lehrerausbildung, die auch für die Praxisvorbereitung gilt.

Eine unserem Referendariat vergleichbare Phase praxisnaher Ausbildung findet sich nur in wenigen Staaten (z. B. Oklahoma, Kalifornien). In ihrem Studium befassen sich die künftigen Lehrer meist mit einem Hauptfach (Major) und einem Nebenfach (Minor). Erziehungswissenschaftliche und sozialwissenschaftliche Anteile werden in sehr unterschiedlichem Umfang gefordert, selten aber zu mehr als 20 % der Gesamtpunkte, die für den Abschluß des Studiums erforderlich sind.

Ein typisches Lehrerstudium kann heute so aussehen:

Nach dem High-School-Diplom muß ein Lehrerstudent an der University Wisconsin/Milwaukee, einer mittelgroßen State-Universität, 128 Credits erwerben, wofür 4 Jahre angesetzt sind.

Während dieser Zeit studiert er *General education.* Dies umfaßt ein Fachstudium im Hauptfach (32 cred.) und Nebenfach (26 cred.), Professional education (Pädagogik, Soziologie, Psychologie) (40 cred.), Praktikum u. Wahlkurse (30 cred.). Nach Erreichen der Punktzahl und dem erfolgreichen Abschluß einer Hausarbeit gilt dieser Student als „certified teacher“, da der Staat Wisconsin den Universitätsabschluß als „Certification“ anerkennt.

Nach Abschluß des Studiums und erfolgreicher „Zertifizierung“ erhalten die meisten Lehrer eine zunächst einjährige Anstellung an der Schule oder in dem Schulbezirk, für den sie sich beworben haben. Die Anstellung erfolgt durch das örtliche School Board oder in dessen Auftrag durch den Schulrat (Superintendent). Diese Verträge können jährlich verlängert werden. Sie decken in vielen Fällen nur 9 Monate des Jahres ab, das Gehalt wird in den Ferienmonaten Juni – August oft nicht bezahlt. Hierin liegt ein Grund dafür, daß viele Lehrer sich in den Sommermonaten nach einem Zusatzverdienst umsehen, eine Tatsache, die immer mehr Schulpolitikern Kopfzerbrechen bereitet. Die 9-Monats-Verträge gelten häufig auch für Universitätsprofessoren.

Erst nach mehrjähriger „Bewährung“ im Schulbezirk einer Gemeinde kann sich ein Lehrer um eine Lebensstelle bewerben. Nach einem Überprüfungsverfahren, bei dem die Stellungnahme des Schulleiters eine große Rolle spielt, kann der Lehrer dann seine Lebensstelle (‚tenure‘) erhalten.

In Kalifornien beginnt ein Lehrer mit BA-Zertifikat mit einem Jahresgehalt von ca. 25.000 $, das sich in 10 Jahren auf ca. 29.000 $ steigern kann. Ein besser ausgebildeter Lehrer

(MA-Zertifikat und Weiterbildungskurse) kann mit ca. 27.300 $ beginnen und es bis zu 41.000 $ bringen. Das Durchschnittsgehalt von Grund- und Sekundarschullehrern lag 1988 bei ca. 28.300 $, zu einer Zeit, in der die Kaufkraft des Dollar im Familienbedarf der der DM vergleichbar ist. Diese Gehälter stehen den Lehrern aber erst seit ca. 5 Jahren zur Verfügung, nachdem eine ca. 20%igen Erhöhung erfolgt ist. Vorher lag der Durchschnitt bei etwa 20.000 $ pro Jahr (vgl. BENNETT 1988, 41).

Die Erhöhung der Gehälter sowie andere Maßnahmen, die zur Verbesserung der Arbeitssituation der Lehrer gedacht waren (z. B. bessere Beförderungsmöglichkeiten, Bezahlung nach Leistung, Entlastung von Verwaltungsaufgaben usw.) haben bisher wenig zur Verbesserung des Lehreransehens beitragen können. Dies ist deshalb nicht verwunderlich, weil solche Maßnahmen sehr oft von geradezu gegenläufigen Maßnahmen offizieller Stellen konterkariert werden. Wenn selbst der Erziehungsminister in einer schulpolitischen Programmschrift vorschlägt, Personen aus verschiedenen Bereichen des Arbeitslebens als Schulleiter einzustellen, um „Führungsqualität" (leadership) in die Schulen hineinzubringen, darf man sich nicht wundern, daß die Öffentlichkeit in Lehrern keine professionellen Pädagogen zu sehen bereit ist.

> *„Ein Geschäftsmann, der seit 20 Jahren eine Firma erfolgreich geleitet hat, ein aus dem Dienst geschiedener Armeeoffizier, der Leiter eines Verwaltungsbüros, der Herausgeber einer Zeitschrift, der Direktor einer Kunstschule – sie alle sollten in der Lage sein, sich der Schar vorausschauender Schulleiter anzuschließen, vorausgesetzt, sie verfügen über die notwendigen persönlichen Qualitäten." (BENNETT 1986, 44)*

Solche Vorschläge tragen natürlich nicht dazu bei, den Pädagogenberuf für Studierende attraktiver zu machen und Lehrer wie Schulleiter als „Professionals" anzuerkennen. Sie beruhen zudem eher auf Vorurteilen als auf soliden, durch Forschungsergebnisse erhärteten Informationen, obwohl erste umfangreiche Arbeiten über den Lehrerberuf schon aus den dreißiger Jahren vorliegen (vgl. WALLER 1932; BARZUN 1954)

Überhaupt scheinen die Bemühungen der Lehrerschaft, als „Professionelle“ in ihrem Beruf anerkannt zu werden, bisher wenig erfolgreich zu sein. Hierfür gibt es viele Gründe, von denen hier nur einige kurz dargestellt werden können.

Als weitgehend anerkannte Analyse der Bedingungen für professionell strukturierte Berufe gilt in den USA die Arbeit von CORWIN. Er beschreibt eine gesellschaftlich anerkannte Profession als „eine organisierte Berufsgruppe, die über ein gesetzliches Monopol für Verfahren der Selbstrekrutierung und -kontrolle seiner Mitglieder sowie einen wachsenden Bestand an systematisch-theoretischem Wissen verfügt, das zur Lösung sozialer Probleme angewandt wird.“ (CORWIN 1970, 43)

Bezieht man diese Definition auf den Lehrerberuf, werden einige Schwierigkeiten offenkundig:

- Das gesetzlich verankerte Monopol der öffentlichen Schulen ist zumindest in einigen Punkten durch die Existenz der Privatschulen und der ihnen gegebenen Möglichkeiten weniger bürokratisierter Arbeit durchbrochen.
- Die Verfahren, neue Lehrer auszubilden und anzustellen, liegen außerhalb der Einflußmöglichkeiten einzelner Lehrer oder Lehrerkollegien. Sie werden von Colleges und Universitäten oder der Schulverwaltung ausgeführt.
- Die zahlreichen Notmaßnahmen zur Behebung von Lehrerengpässen scheinen immer wieder zu bestätigen, daß auch nicht ausgebildete Personen „gute Lehrer“ abgeben können.
- Obwohl in der Unterrichtsforschung seit nunmehr 50 Jahren umfangreiche Forschungen zum Lehr- und Lernprozeß durchgeführt werden und inzwischen ein Fundus von praktisch relevanten Ergebnissen vorliegt, interessieren sich wenig Lehrer für „a theoretical body of knowledge“ und unterscheiden sich damit kaum von ihren Kollegen in Deutschland.
- Schließlich konzentrieren sich die beiden großen Lehrerorganisationen, die Classroom Teachers Association in der National Education Association und die American Federation of Teachers mit zusammen knapp 50 %

der Lehrerschaft auf Fragen der Arbeitsvertragsgestaltung und Verhandlungen über Gehälter und tragen auf diese Weise dazu bei, daß Lehrer eher in die Nähe von „Low-Skill-workers" mit ihren Gewerkschaften als in die Nähe von unabhängigen Verbänden hochprofessionalisierter Berufe gerückt werden.

„In dem Maße, wie die Lehrtätigkeit standardisiert und zentralisiert wird und die Verwaltung mehr und mehr Gesetze und Erlasse verfügt, haben Lehrer in ihren beruflichen Tätigkeiten weniger zu sagen." (SELAKOVITCH, 251)

Dies mögen einige Gründe dafür sein, daß ein Besucher amerikanischer High Schools den Eindruck hat, wenig selbstbewußten Lehrern zu begegnen.

Neuere Untersuchungen über den Lehrerberuf und seine spezifischen Merkmale betonen eher die Komplexität des Lehrens und die Schwierigkeiten, zu einfachen, übersichtlichen Forschungsergebnissen in diesem Feld zu kommen (vgl. DUNKIN/BIDDLE 1974). Die negative öffentliche Meinung über den Lehrerberuf haben sie bisher nicht beeinflussen können.

Trotz der in vielen Untersuchungen nachgewiesenen Komplexität der Lehrertätigkeiten finden sich bei Diskussionen zur Verbesserung der Schulleistungen in zahlreichen Untersuchungen, Programmschriften und politischen Reports immer wieder Vorschläge für einfache Lösungen und schnelle Ergebnisse. Schlagworte wie „effective teaching", „leadership", „excellence" faszinieren die Amerikaner immer wieder und werden häufig geradezu gebetsmühlenartig wiederholt, ohne daß entscheidende Mängel behoben werden. So rekrutiert z. B. der Staat New Jersey Lehrer aus anderen Berufen, welche „can be certified to teach after passing a rigorous knowledge test." (BENNETT 1988, 42) Daß auf solche Weise Lehrer „with expertise and experience" (ebd.) gewonnen werden können, die zur Verbesserung der pädagogischen Arbeit einer Schule beitragen, ist wenig wahrscheinlich. Genauere Untersuchungen der Gründe für häufig schlechte Qualifikationen der Lehrer haben längst Erkenntnisse zutage gefördert, die deutlich machen, daß es aufgrund soziologischer Bedingungen schwierig wird, diese Merkmale des amerikanischen Lehrerdaseins kurzfristig zu ändern.

„... die Lehrer in unseren amerikanischen Schulen kommen meist aus den unteren und mittleren Schichten der Gesellschaft und spiegeln auf diese Weise die Verhaltensmaßstäbe wider, wie sie sie aus eigener Kindheit und Jugend kennen." (HILLWAY, 77)

Wenn derartige Fakten mit geistigen Strömungen zusammenkommen, wie sie der konservative Allan BLOOM in Amerika glaubt erkennen zu können, daß sich unter den Intellektuellen und Lehrern ein Gefühl der Ohnmacht und Überflüssigkeit breit mache, „... nicht nur hinsichtlich des Erziehungsprozesses, sondern mit Bezug auf ihre Rolle im öffentlichen Leben" (ARONOWITZ/GIROUX 1988, 172), kann es nicht überraschen, wenn das Ansehen amerikanischer Lehrer in der Öffentlichkeit weiter abgenommen hat. Dies belegen Umfragen des renommierten Gallup-Instituts unzweideutig.

In einer Befragung, die der Erzieherverband Phi Delta Kappa bei Entlaßschülern von High Schools (12. Klasse) durchführen ließ, ging es um die Note, die Schüler ihren Lehrern geben würden.

Tab. 7.1: Benotung von Lehrern durch ihre Schüler

	A+B %	A %	B %	C %	D %	F %
All students	74,3	25,9	48,4	20,8	4,0	0,9
Private School Students	83,6	40,5	43,1	13,1	3,3	0,0
Public School Students	73,4	24,4	49,0	21,6	4,0	1,0
Parents (Gallup)	60	21	39	30	5	2

A: Beständige, hohe Leistung und Originalität
B: Deutlich über dem Durchschnitt liegende Leistung
C: Durchschnittliche Leistung
D: Gerade ausreichende Leistung
F: Ungenügende Leistung

Quelle: Gallup ... A Study of High School Seniors ... 1984, 6

In Tabelle 7.2 sind die Kriterien gewichtet, die bei der Bewertung eine Rolle spielten.

Tab. 7.2: Beurteilungskriterien der Schüler

	Not at all important %	Not very important %	Somewhat important %	Very important %
Understanding	.3	.5	17.0	82,2
Friendly	.3	2,4	37,7	59,6
Organized	.6	3,3	29,1	67,0
Interesting	.7	2,8	24,8	71,8
Creative	.8	9,7	45,9	43,7
Fair	.5	1,9	19,6	78,0
Knowledgeable	3	1,5	16,9	81,4
Demanding	3,5	15,9	59,0	21,6
Competent	1,0	6,5	30,9	61,6
Strict	8,4	25,6	55,6	10,3

Quelle: Gallup . . . a.a.O., 7

Die ausgeführten Probleme bei der Anerkennung des Lehrens als einer „full profession“ spiegeln sich auch in den Antworten, die Schüler auf die Frage gaben, ob sie selbst Lehrer werden wollten. Rund 80 % der Schüler sprachen sich gegen den Lehrerberuf aus.

	Yes %	No %
Grades		
A/A-	22,6	77,4
B+B/B-	24,1	75,9
C+/C	20,6	79,4
C-/D	15,3	84,7
Type of School		
Non-Public	17,1	82,9
Public	23,0	77

Quelle: Gallup a.a.O. 21

Als wichtigste Gründe bei der Ablehnung tauchten auf:

- Lehrer werden zu schlecht bezahlt (28,4 %)
- Zu viele Probleme, Stress und Enttäuschungen (24,3 %)
- Vorliebe für andere Berufe (18,5 %)

Obwohl Wissenschaftler den Lehrern bestätigen, daß sie „die Errichtung des umfassendsten Schulsystems der ganzen Welt" geleistet haben, ist dies bis heute von der amerikanischen Gesellschaft nicht honoriert worden. (TYACK, 1987, 173)

Seit nunmehr zwanzig Jahren führt das Gallup-Institut repräsentative Umfragen zur Einschätzung des Schulwesens durch die amerikanische Öffentlichkeit durch (vgl. DICHANZ 1989). Eine von Anfang an gestellte Frage war die, ob Eltern es wünschen, daß ihr Kind den Beruf des Lehrers/der Lehrerin ergreifen solle. Bei der ersten Befragung 1969 hatten noch 75 % der Befragten diesen Wunsch, 1988 sind es nur noch 58 %, wobei Anfang der 80er Jahre diese Zahl vorübergehend noch niedriger war. Sie korrespondiert mit den Angaben über die von der Öffentlichkeit vermuteten größten Problemen, mit denen die Schulen sich auseinanderzusetzen hätten: Seit der ersten Umfrage rangiert die Sorge darum, wie gute Lehrer gefunden werden könnten, auf den ersten sechs Plätzen. 1969 nannten 17 % dies als Hauptproblem, 1988 waren es noch 11 %.

Dabei ist man sich durchaus bewußt, daß die Lehrer im Sozialisationsprozeß der Jugendlichen eine wichtige Rolle spielen und ohne die Lehrerschaft Schulreformen keine Chancen haben. Sie sind das eigentliche schulpolitische und unterrichtliche Nadelöhr. Doch Schulräte und School Board führen sie an sehr kurzer Leine, die wachsende Verbürokratisierung hat ihre Autonomie eingeschränkt statt erweitert.

„Hinsichtlich ihrer beruflichen Autonomie und in ihren Beziehungen zur Fachaufsicht und Verwaltung fallen die Lehrer im Vergleich zu anderen Berufen weit zurück." (SELAKOVITCH, 251)

„Es ist praktisch eine Tatsache, daß die ethischen Grundsätze einer Schule von der Schulverwaltung im Auftrage des School Board und nicht von den Lehrern bestimmt werden." (ebd.)

Auch wenn die äußeren Arbeitsbedingungen für Lehrer in den USA nicht die besten sind, gibt es offensichtlich doch einige Gründe, die für den Lehrerberuf sprechen. Sie liegen aber, wie dies häufig bei Berufen mit sozialem Schwerpunkt ist, eher im Ideellen als im Materiellen. So haben denn auch verschiedene Untersuchungen ergeben, daß es vor allem die folgenden intrinsischen Motivationen sind, die junge Amerikaner dazu bewegen, den Lehrerberuf zu ergreifen: „... das Wissen darum, daß Schüler lernen, die emotionalen Beziehungen zu Schülern, Umgang mit den Kollegen, Befriedigung, einen sinnvollen Dienst zu leisten, Freude am Lehren selbst und daran, vom Lernen Anderer zu lernen.“ (FEIMANN-NEMSER/FLODEN 1986, 510) Zwar werden derartige altruistische Motive in der Öffentlichkeit durchaus anerkannt und genießen Wertschätzung, innerhalb der Business-Welt tragen sie aber keineswegs zur Steigerung des Ansehens bei, eher zum Gegenteil.

Der Lehrerberuf ist in den USA vor allem im Vergleich von Elementary- und Grundschule noch stärker als in der Bundesrepublik ein weiblicher Beruf. Viele der oben schon genannten Gründe machen eine Lehrerkarriere für Studenten nur wenig attraktiv, es sei denn, jemand möchte sich sozial engagieren. Auch das Argument, Frauen seien „von Natur aus“ besser geeignet, Kinder und Jugendliche zu erziehen, spielt in den Berufsüberlegungen eine gewisse Rolle. Die geringe Anerkennung des Lehrens als einer „professionellen“ Tätigkeit gehört zu den negativen Argumenten. Die aus diesen Gründen resultierende Verweiblichung besonders im Elementarbereich trägt ihrerseits dazu bei, die Ausbildung professioneller Merkmale zu behindern.

Seit ca. 10 Jahren ist eine Entwicklung in Richtung auf eine stärkere Angleichung der Geschlechterverhältnisse zu beobachten. Viel häufiger übernehmen weibliche Lehrkräfte heute auch Funktionsstellen, besonders als Schulleiterinnen in den Grundschulen. Der Anteil von weiblichen Schulleitern in den High Schools ist nach wie vor gering. (Insgesamt leiten heute rund 80 % männliche und 20 % weibliche Schulleiter die Schulen. NAE, ebenda). Doch auch die Anzahl der weiblichen Schulräte (Superintendents) ist im letzten Jahrzehnt deutlich gewachsen.

In den Grundschulen ist der Anteil der Lehrerinnen besonders hoch. 1947 waren hier 93 % weiblich, 1977 hatte sich dieses Verhältnis auf 83 % weibliche und 17 % männliche Lehrpersonen verändert. Im Sekundarbereich ist der Anteil der Lehrer – ähnlich wie bei uns – erheblich höher. Er stieg von 40 % im Jahre 1948 auf 74 % im Jahre 1978. Im Durchschnitt aller Schulen waren 1947 81 % aller Lehrer weiblich, 30 Jahre später waren es noch 64 %. Heute unterrichten in der Grundschule 86,2 % Lehrerinnen und 13,8 % Lehrer (NAE 1987, 153) (Bundesrepublik 1987 ca. 70 % Lehrerinnen und knapp 30 % Lehrer), im Sekundarbereich 47 % Lehrerinnen und 53 % Lehrer (BRD 1987 30 % Lehrerinnen, 70 % Lehrer).

Die relativ niedrigen Gehälter, die den Lehrern gezahlt wurden, haben dazu geführt, daß in Lehrerhaushalten besonders häufig beide Partner einer Ganztagsbeschäftigung nachgehen. Dies trifft für ca. zwei Drittel aller Lehrerhaushalte zu. Auch diese Tatsache trägt nicht dazu bei, das soziale Ansehen des Lehrerberufes zu heben.

Lehrerarbeitslosigkeit ist in den USA seit vielen Jahren unbekannt. Vielmehr gibt es für einige Schulfächer besonders in der High School einen gravierenden Lehrermangel. Für Fremdsprachen und naturwissenschaftliche Fächer werden offenbar viel zu wenig Lehrer ausgebildet, was auch daran liegen mag, daß Studierende mit solchen Qualifikationen leicht eine besser bezahlte Arbeit auf dem freien Markt finden. Die von verschiedenen Schuldistrikten angebotenen Kurzlehrgänge zur pädagogischen Nachqualifikation unausgebildeter Lehrkräfte sind nur ein Tropfen auf den heißen Stein und bringen in den seltensten Fällen qualifizierte Lehrer hervor. Einige amerikanische Einzelstaaten haben auch versucht, ausländische, z. B. deutsche Lehrer, auf der Basis befristeter Verträge zu beschäftigen. Wegen der äußerst restriktiven Arbeitsmarktpolitik der amerikanischen Einwanderungsbehörden hat dies aber bisher offensichtlich nicht zu einer Entlastung beim Lehrermangel geführt.

In ihrer Interessenvertretung ist die Lehrerschaft stark zersplittert. Die beiden wichtigsten Berufsverbände, die American Federation of Teachers (A.F.T.) und die National

Education Association (NEA) unterscheiden sich sowohl in ihrem Selbstverständnis wie in ihren politischen Zielen.

„Der A.F.T. beizutreten bedeutet, sich selbst als Arbeiter zu verstehen. Mitglied der NEA zu werden ist gleichbedeutend damit, sich als Beschäftigter mit weißem Kragen anzusehen." (MICKELSON, 1982, 164) Entsprechend tritt die AFT eher forsch und weniger kompromißbereit, gewerkschaftsähnlich auf, während die NEA Politik und Habitus eines akademischen Berufsverbandes mit eher moderaten Tönen vertritt. 1986 waren rd. 76 % in der NAE und 9 % in der AFT organisiert, zahlreiche Lehrer sind auch Mitglieder von Fachverbänden. Daneben haben sich die Schulleiter (principals) und die Superintendents in jeweils eigenen Organisationen zusammengeschlossen. In der Bildungspolitik vernimmt man – wenn überhaupt – die Stimmen nationaler Verbände, während auf State-Ebene auch die Lehrerverbände meist in Verbindung mit neuen Tarifverhandlungen von sich reden machen. Eine seit nunmehr ca. 50 Jahren existierende Erziehervereinigung, die Phi Delta Kappa ist die einzige berufsgruppenübergreifende Organisation, die sich auch in stärkerem Umfang mit allgemeinen bildungspolitischen Fragen befaßt. Von ihr werden z. B. jährlich seit nunmehr 20 Jahren bei dem bekannten Gallup-Institut Umfragen in Auftrag gegeben und publiziert, die über die Einschätzung der amerikanischen Öffentlichkeit zum Schulwesen Auskunft geben. Doch die selbstbewußte und politisch zielgerichtete Argumentation, wie man sie häufig in dieser Association findet, ist unter Lehrern eher selten anzutreffen. Dies wird dem verständlich, wer Gelegenheit hatte, Einstellungsverfahren im Anstellungsbüro eines Großstadt-Schuldistrikts zu beobachten. Hier stehen Lehrer Schlange, werden von Verwaltungsbeamten wie Bittsteller behandelt, müssen umfangreiche Personalfragebögen ausfüllen, werden durch mehrere Testbatterien geschickt, bis ihnen dann zum Schluß von einem Verwaltungsangestellten eine Stelle offeriert wird. Der nüchterne Beobachter kann nicht zu dem Ergebnis kommen, daß hier Personen eingestellt werden sollen, die in der wichtigsten Institution arbeiten sollen, die es angeblich für die amerikanische Gesellschaft gibt.

Es ist natürlich außerordentlich schwierig und gewagt, aufgrund subjektiver Erfahrung und Beoachtung ein generelles Bild davon zeichnen zu wollen, wie in amerikanischen Schulen unterrichtet wird. Aber bei einem Besuch von ca. 25 Schulen, gut 100 Lehrern und über 250 Unterrichtsstunden in verschiedenen Einzelstaaten der USA dürften die Eindrücke nicht mehr ganz zufällig sein. Sie zu berichten ist vor allem dann gerechtfertigt, wenn sie sich mit Tendenzen umfangreicher empirischer Untersuchungen aus den USA selbst decken.

Zunächst fällt dem Besucher amerikanischer Klassen die starke Konzentration auf die Lernaufgaben auf. Nahezu alle Aktivitäten während des Unterrichts sind darauf gerichtet, die vorgeschriebenen oder vorgenommenen Lernaufgaben zu erfüllen: Die Tafelanschrift informiert die Schüler über die zu bewältigenden Aufgaben, die Sprechakte des Lehrers beziehen sich durchweg auf den Stoff, die Beiträge der Schüler sind lernzielbezogen, die verwendeten Textbooks orientieren sich eng am Stoff, die Tests sind – natürlich – lernzielorientiert. Dies gilt für alle Schulstufen, wenn auch für die Elementary Schools in etwas moderaterer Form.

Die unterrichtlichen Aktivitäten der Lehrer sind vergleichsweise zurückhaltend, sie konzentrieren sich in vielen Fällen darauf, Disziplin herzustellen, den Schülern die Aufgaben zu nennen, die im Textbuch zu erledigen sind, für Fragen zur Verfügung zu stehen und Tests durchzuführen und auszuwerten. Daß Lehrer in unserem Sinne unterrichten, d. h., in den Unterrichtsgegenstand einführen, Probleme und Fragen entwickeln, zu Erkenntnissen hinleiten, Diskussionen anregen und durchführen u.ä. findet man eher selten. Es dürfte bezeichnend sein, daß Lehrer, von denen ein solcher Unterrichtsstil bekannt ist, Besuchern gern als besonders gute Lehrer empfohlen werden. Sie genießen in der Schule ein besonderes Ansehen und sind auch bei den Schülern als „gute Lehrer“ bekannt.

Vieles deutet darauf hin, daß sich hier ein methodisch-didaktisches Defizit in der Ausbildung amerikanischer Lehrer bemerkbar macht, was leicht eine der Ursachen für einen häufig langweiligen Unterricht sein kann.

Dem entspricht eine vergleichsweise geringe Beteiligung von Schülern (vgl. DICHANZ 1984). Häufig ist es ganz offensichtlich, daß nur eine geringe Zahl von Schülern im Unterricht mitarbeitet, die Mehrzahl abgeschaltet hat oder sich offenkundig mit anderen Dingen befaßt. Für Lehrpersonen ist dies aber sehr selten ein Anlaß zum Eingreifen oder zur Veränderung der Unterrichtssituation, um mehr Schüler zur Mitarbeit zu motivieren.

In seltsamen Widerspruch dazu steht ein vielfach beobachtetes persönliches Interesse des Lehrers an einzelnen Schülern, das sich in besonderen Nachfragen, in Pausengesprächen und zusätzlichen Kontakten, in den extracurricula activities niederschlägt. Hier scheint das Prinzip zu herrschen, daß, wann immer ein Schüler auf den Lehrer zugeht, dieser für Auskünfte und Beratung zur Verfügung steht.

Durch fast alle Fächer und Jahrgänge hindurch spielen die Textbooks im Unterricht amerikanischer Schulen eine große Rolle. Sie sind der eigentliche Leitfaden des Unterrichts, die Konkretisierung der Curricula. Ein näherer Blick in die Textbooks macht erschreckend klar, wie wenig Raum diese Unterrichtshilfen für eigene Wege des Denkens der Schüler lassen. Lückentexte, multiple-choice-Aufgaben, Einkreisen, Ankreuzen und Ausfüllen sind die wichtigsten Aktivitäten, die die Schüler in den Textbooks in den verschiedensten Fächern zu erledigen haben. Es ist schwer verständlich, in welch großem Umfang hier einfache Lernmodelle des Behaviorismus immer noch Grundlage der Konstruktion schulischer Lernprozesse sind. Obwohl die Lernpsychologie längst weitere und anspruchsvollere Lerntheorien entwickelt und in ihrer Bedeutung für das schulische Lernen überprüft hat, haben sie noch kaum Eingang in die amerikanische alltägliche Unterrichtsgestaltung gefunden.

Schließlich sei über einige Beobachtungen berichtet, die man sowohl in Elementary Schools wie in High Schools machen kann: Es ist häufig zu beobachten, daß Disziplinschwierigkeiten im Unterricht nicht von den jeweiligen Klassen- oder Fachlehrern, sondern vom Schulleiter bereinigt werden. Der Hinweis des Lehrers auf den Gang zum

Schulleiter ist eine erste Strafandrohung, ihre Ausführung dann die Verlagerung der Disziplinschwierigkeiten zur Schulverwaltung hin. Auch dieses Verhalten dürfte wenig dazu beitragen, das Ansehen des einzelnen Lehrers zu stärken. Es wird aber insofern verständlich, als das Schulbüro auch über andere Angelegenheiten verwaltungsmäßig „wacht", wie z. B. den regelmäßigen Schulbesuch. Nur bei wenigen Fach- und Klassenlehrern gewinnt man den Eindruck, daß hier selbstbewußte und berufserfahrene Fachlehrer und Pädagogen an der Arbeit sind. Alle Funktionsstellen haben dem „einfachen Lehrer" gegenüber ein deutlich höheres Prestige und mehr Kompetenz innerhalb des Schulsystems, was häufig auf einen größeren Anteil an Verwaltungsarbeit zurückzuführen ist. Doch auch in ihrem eigenen Bewußtsein haben viele Lehrer Kompetenz freiwillig abgegeben. „... Sie wünschen sich den Schulleiter als starke Autorität bei der Aufrechterhaltung der Disziplin –, als jemanden, der den Lehrern den Rücken stärkt, wenn es darum geht, Disziplin zu wahren, und der dafür sorgt, daß schulweit gleiche Regeln gelten. Als Gegenleistung für diese Unterstützung sind die Lehrer dazu bereit, die Schulleitung in ihren Initiativen zu unterstützen." (WITTROCK, 1985, 509)

8. Tests, Tests, Tests . . . Die Herrschaft von Tests und Testern

Man begegnet ihnen überall: Tests im Kindergarten, Tests im College, Tests in der High School, Tests in der Universität, Tests in der Fahrschule, Tests in der Verkäuferausbildung, Tests beim Militär, Tests bei der Auswahl von Testern! Hier sollen nur einige der Tests und Testbatterien, die öffentliche und private Schulen einsetzen, dargestellt und kommentiert werden.

Wie umfangreich dieser Sektor ist, verdeutlicht folgende Zahl: vom Educational Testing Service, dem größten gemeinnützig betriebenen Testverlag in den Vereinigten Staaten, werden pro Jahr über 7 Mill. Tests in zur Zeit mehr als 20 Ländern auf der ganzen Welt durchgeführt. Dies ist nicht nur aus erziehungswissenschaftlichen Gründen eine bemerkenswerte Zahl, es ist auch ein schulpolitisch und ökonomisch bedeutsames Faktum.

Wer sich in amerikanischen Schulen umsieht, wird von der ungeheuren Menge und Vielfalt der dort eingesetzten Tests überrascht sein. Der deutsche Testpsychologe INGENKAMP ist „zu der Schätzung gelangt, daß in den amerikanischen Schulen Tests etwa 30 bis 50 mal häufiger eingesetzt werden“ als in unseren Schulen. (In: INGENKAMP/SCHREIBER, 1989, 9) Gleichermaßen überraschend ist aber auch die große Testgläubigkeit vieler Amerikaner, die durch keinerlei Bedenken oder fundierte Kritik zu erschüttern zu sein scheint. Schließlich überrascht auch, gemessen an den Fragen und Problemen, die diese Tests oft beantworten sollen, die Einfachheit ihres Niveaus und ihrer Konstruktion. Ich werde versuchen, dies noch im einzelnen zu erläutern.

Weil es – vor allen Dingen aus europäischer Sicht – einigermaßen schwierig ist, die umfangreiche Problematik des Testens in den Vereinigten Staaten einigermaßen richtig zu verstehen, soll dies etwas ausführlicher dargestellt werden. Es scheint erforderlich, in einem kurzen Rekurs einige historische Ursachen zu beschreiben, die mit der Testgläubigkeit in den USA in Verbindung stehen. Danach soll der Testalltag in Schulen beschrieben werden, so, wie er sich den Schülern, den Lehrern und einem kritischen Beobachter darstellt. Im Anschluß daran sollen einige kritische Überlegungen angestellt werden, wie sie auch in der amerikanischen testpsychologischen und bildungspolitischen Diskussion vorzufinden sind. Ich werde es mir ersparen, in engeren Sinne statistisch-technische Gütekriterien darzustellen und ihrerseits zu überprüfen.

Wie oft bei dem Versuch, für aktuelle Verhältnisse und Erscheinungen historische Hintergründe zu ermitteln, fällt es auch bei der Betrachtung der Schulentwicklung in den Vereinigten Staaten schwer, direkte Ursachen für die Vorliebe für Tests zu entdecken. Man kann aber festhalten, daß die Möglichkeiten, mithilfe von Testbatterien Leistungen quantitativ zu erheben, in ein Weltbild passen, bei dem der Nachweis irdischen Erfolges ein Stück Garantie für ein glückliches Jenseits darstellt. Wenn es auch kaum möglich ist, direkte Verbindungen zwischen einem nach wie vor existierenden puritanisch begründeten Leistungsdenken und der Faszination für Tests nachzuweisen, fremd sind sich beide Gedankenbereiche jedenfalls nicht.

Auch das Bemühen, möglichst alle Schulleistungen abzutesten und damit „objektive" Ergebnisse zu erhalten, paßt zu der „typisch amerikanischen" Vorstellung, daß alles meßbar und zählbar sein müsse. Ohne hier weiter auf dahinterliegende merkantilistische und positivistische Gedankengebäude einzugehen, bestätigen zahlreiche amerikanische Autoren die Vorliebe ihrer Nation für measurement und effectiveness. Nur solche Ergebnisse sind wirklich nachprüfbar und von Gewicht, die sich in Zahlen ausdrücken lassen. Man mag dies für naiv halten oder nicht: der amerikanische Alltag wird von dieser Art der Leistungsüberprüfung in allen nur denkbaren Bereichen beherrscht.

Wissenschaftsgeschichtlich sind diese Grundtendenzen unterstützt worden durch spezifische Entwicklungen der amerikanischen Psychologie im letzten Viertel des vorigen Jahrhunderts bis ca. 1930, in denen sich besonders die praxisrelevanten Bereiche der Psychologie rasch ausbreiteten und gesellschaftlich akzeptiert und angewandt wurden. Innerhalb der heftig geführten Debatte um den Vererbungsbegriff gewannen um die Jahrhundertwende jene Argumente die Oberhand, die in der Entschlüsselung der Vererbungsgesetze (Laws of heredity) Voraussetzungen zur Beseitigung sozialer Probleme erblickten. Für sie war die Entwicklung von geeigneten Tests Teil einer Sozialtechnologie, mit deren Hilfe gesellschaftliche Fehlentwicklungen erkannt und gesteuert werden konnten.

Einen wichtigen Impuls dazu lieferte die Entwicklung der Verfahren des Franzosen BINET, mit deren Hilfe die Ermittlung vererbter Intelligenz möglich schien. GRÜNWALD betont, „daß das BINET-Verfahren nicht über die Institutionen der akademischen Psychologie seinen Einzug in den USA hielt, . . . sondern im Gegenteil sich von den Praxisfeldern her durchsetzte . . .“ (GRÜNWALD 1980, 67) Die Verkürzungen, die mit der kurzsichtigen Anwendung der BINET-Verfahren verbunden sind, sind vielfach kritisiert worden.

Ende des 19. Jahrhunderts waren in Verbindung mit einer business philosophy Vorstellungen und Verfahren entwikkelt worden, Prinzipien für ein „scientific management“ zu entwickeln. Die für Amerikaner faszinierende Vorstellung, daß man Betriebe und Produktionsstätten nach wissenschaftlichen Kriterien managen und von daher den Erfolg sichern könne, führte auch zu Vorschlägen für ein gezieltes „classroom management“ (BAGLEY, 1907). Volks- und betriebswirtschaftliche Überlegungen entwickelten Konzepte, die den Schüler als Rohstoff (raw material) betrachteten und darauf zielten, höchste Effektivität des Unterrichtes durch optimale Ausnutzung der zeitlichen und personellen Ressourcen zu erreichen. Es traf sich gut, daß wenig später der französische Psychologe Alfred BINET Tests zu entwickeln versuchte, die dazu dienen sollten, weniger intellektuelle Kinder herauszufinden, um sie sonderpädagogischer Betreuung zu übergeben. Ohne hier auf die Entwicklung der Intelligenztests und ihrer Probleme durch BINET und andere einzugehen, ohne auch die Rezeption der BINET-Tests und Intelligenztheorien in den USA näher beschreiben zu können, muß erwähnt werden, daß die Arbeiten von BINET einen in den USA bestens vorbereiteten Boden fanden. So entwickelte sich bald eine Testbewegung, die von einer Gesellschaft träumte, „where everyone would do what he was best able to do“ (GUMBERT/SPRING, 88). Ohne jemals genau definiert zu haben bzw. definieren zu können, was Intelligenz meint, fanden Intelligenztests bald große Anwendungsfelder und wurden zu einem pseudowissenschaftlichen Selbstläufer, der bis heute ungehindert seine Runden dreht. „Amerikanische Psychologen pervertierten BINETs Absichten und erfanden die Vererbungstheorie des IQ. Sie verdinglichten BINETs Punktezahlen und faßten sie als Maß einer Wesenheit namens Intelligenz auf." (GOULD, 1983, 70)

Unter Führung von H.H. GODDARD, dem Präsidenten der American Psychologycal Assocation entwickelte 1917 eine Psychologenarbeitsgruppe eine Testbatterie für die amerikanische Armee, mit der zum ersten Mal Massentests eingesetzt werden konnten. Die Anwendung der Tests bei ca. 2 Mill. Armeesoldaten ergab, daß etwa 30 % von ihnen nicht in der Lage waren, zu lesen, eine Zeitung zu verstehen oder einen Brief nach Hause zu schreiben. Von diesem Drittel wurden nach Anwendung eines weiteren, niveau-niedrigeren Beta-Tests 8.000 sofort aus dem Dienst der Armee entlassen. Testgeschichlich hatten diese Maßnahmen aber gezeigt, daß die Tests eine Möglichkeit waren, „Menschen in größtmöglichem Ausmaß zu klassifizieren und sich völlig zu Nutze zu machen." (GUMBERT a.a.O., 93)

Obwohl die Vorstellungen von der Vermessbarkeit des Menschen von der Annahme ausgehen mußten, daß alle Menschen ungleich geboren wären, sahen viele Angehörige der Testbewegung hierin keinen Widerspruch zu der Grundidee der „equality". Der Einsatz von Tests konnte geradezu dazu beitragen, die amerikanische Demokratie funktionsfähiger zu machen. „Obwohl die Entwickler von Intelligenztests ernste Fragen über die Beziehungen zwischen Schule und Demokratie aufwarfen, ließen sie keineswegs die Tests fallen, sondern definierten ihre Funktionen um. Im Grunde träumte die Testbewegung von der Errichtung einer Gesellschaft, in der jeder das tun würde, wozu er am besten befähigt war. Die Aufgabe der Intelligenztests war dabei, die Menschen zuverlässig so nach ihren sozialen Rollen zu sortieren, daß diese genau zu ihren intellektuellen Fähigkeiten paßten." (a.a.O., 88)

„Demokratie bedeutete in diesem Kontext die Form einer sozialen Organisation, die den Menschen die Freiheit gab,

eine soziale Stellung zu erreichen, die zu ihren geistigen Fähigkeiten paßte." (a.a.O., 89)

Es kann nicht verwundern, daß diese Testbewegung allmählich auch in den Schulen um sich griff. 1922 wurde für die Detroit Public Schools ein Testprogramm entwickelt, mithilfe dessen die Schülerpopulation in 3 Leistungsgruppen eingeteilt werden konnten: 20 % in eine schwache Gruppe, 60 % in eine Durchschnittsgruppe und 20 % in eine Überintelligenzgruppe. Bei der Entwicklung dieser Testbatterie wurde ausdrücklich auf die erfolgreiche Verwendung von Tests in der United States Armee verwiesen. Der einflußreiche Testpsychologe und langjährige Vorsitzende eines Testkommitees Louis M. TERMAN beschreibt unmißverständlich die Faszination, die von einer Idee des umfassenden Testens ausgeht. Für ihn waren die Möglichkeiten sozialtechnologischer Lenkung durch erzieherische Verfahren verlockend, „die bereitzustellen dann unsere Pflicht wäre." (GUMBERT a.a.O., 101)

Auf ganz andere Weise als ursprünglich in den Diskussionen des 18. und 19. Jahrhunderts gedacht, wurde so der Schule erneut die Rolle zugewiesen, mithilfe der Mittel Unterricht und Erziehung durch Natur und Vererbung gegebene Benachteiligungen zu beseitigen und eine Gesellschaft der Gleichen zu schaffen.

Je länger und häufiger Tests entwickelt und angewendet wurden, umso mehr wurde „bei der Betrachtung der Testergebnisse vergessen bzw. unterschlagen, daß die erhaltenen Meßwerte mitkonstituiert sind durch die Art von Tests, Testkonstruktionen und Testanwendung" (GRÜNWALD, 75) Die unseelige Reanalyse von Armeedaten durch BRIGHAM (1923), mit der erneut die These von der Verbesserung der Intelligenz belegt und daraus Konsequenzen für eine selektive Einwanderungspolitik vorgeschlagen wurden, ist ein umfangreicher Beleg dafür, wie eng sich zu Beginn diesen Jahrhunderts in den USA „politisches Interesse und wissenschaftliche Konzeption" (GRÜNWALD, 72) ergänzten und durchdrangen.

Überraschend ist heute, in welch großem Umfang einfachste behavioristische Lernmodelle insbesondere die Konstruktion von Breitentests beherrschen. Obwohl natürlich in der amerikanischen Wissenschaftsdiskussion die Kritik an diesen simplifizierenden Lernmodellen genauso intensiv und heftig gewesen ist (vgl. u. a. DuBOIS 1970; SPRING 1976; GOULD 1983; MADAUS 1988) wie bei uns, hat dies nicht ausgereicht, die etablierten Bereiche der Tests zu erschüttern. Hierzu mögen Entwicklungen beigetragen haben, die in den 30er Jahren im Anschluß an umfangreiche Auftragsforschungen nach einfachen, in großen Mengen handhabbaren Prüfungsinstrumenten verlangten. So hat z. B. der bekannte amerikanische Lernforscher N.L. GAGE in den 30er Jahren Instruktionsprogramme entwickelt, die dazu dienten, Marinesoldaten im Gebrauch komplizierter Waffen zu unterrichten. Solche für eine große Anzahl von Probanden erstellten Instrumente entwickeln schnell ein Eigenleben. Sie sind schwer rückholbar, korrigierbar, häufig genug bestimmen sie auf Jahrzehnte Arbeitsweisen in den einmal bedienten Institutionen. Ähnliches scheint auch auf dem Sektor des Testens erfolgt zu sein, in dem bereits in den 50er Jahren der heute gebräuchliche Scholastic Aptitude Test (SAT) in seinen Grundstrukturen entwickelt wurde. Auch wiederholte Überarbeitungen und Verbesserungen haben nicht von der Idee Abstand nehmen lassen, daß es im Prinzip möglich sei, auf diese Weise jede Schulleistung sachgerecht abzutesten.

Ein letzter Hinweis in diesem Zusammenhang: Wir haben bereits im Kapitel 3 darauf hingewiesen, daß Gedanken wie „Leadership“ und „School Effectiveness“ schon früh amerikanische Vorstellungen fasziniert haben. Bereits zu Beginn diesen Jahrhunderts hat ein „Effective School Movement“ versucht, Kriterien der Business Effectiveness auf Schulen zu übertragen. Unzählige Untersuchungen und Vorschläge sind seit der Zeit erarbeitet worden (vgl. CALLAHAN, 1972). In diesem Kontext wird es dann verständlich, wenn alle Möglichkeiten herangezogen werden, Schul-, Schüler- und Lehrerleistungen so zu überprüfen, daß sie mit anderen quantitativ vergleichbar und leichter zu verbessern sind. In sich hat das Testing Movement durchaus seine eigene Logik, von pädagogischen Argumenten wird sie nur wenig irritiert!

Es ist nicht Absicht dieses Kapitels, die vielfältigen unterschiedlichen Funktionen von Tests zu thematisieren und

Testbatterien zu überprüfen. Zwar wird darüber informiert, ob es sich bei den herangezogenen Beispielen um Leistungstests (achievement tests), Plazierungstests (placement tests), Lernzieltests oder ähnliches handelt, die besondere Problematik der jeweiligen Testart wird aber nicht weiter thematisiert (vgl. hierzu aktuell: INGENKAMP/SCHREIBER Hrsg.: Was wissen unsere Schüler? 1989). Unser Interesse ist es vielmehr, die jeweiligen Tests in ihrer schulpädagogischen Funktion zu beschreiben, in diesem Rahmen ihre Aussagefähigkeit zu überprüfen und den Stellenwert von Tests für die amerikanische Schulpraxis zu diskutieren. Allein schon eine solche Absicht ist für viele schulreformerisch engagierte Bildungspolitiker und Wissenschaftler in den USA unverständlich und weitgehend überflüssig. Wo Tests zur Verfügung stehen, sollten sie eingesetzt werden. Läuft diese Maschinerie erst einmal, gibt es nur noch selten Anlaß, über den Nutzen ihres Einsatzes nachzudenken. Dies machte Anfang der 80er Jahre eine ausgedehnte Diskussion über die Schwächen in der amerikanischen High Schools deutlich. Fast alle der von 1983 bis 1985 erschienenen kritischen Reports zur Leistungsfähigkeit des amerikanischen Schulwesens beklagten in der einen oder anderen Form das Absinken von Testergebnissen (vgl. GROSS & GROSS, 1985). So beklagt die National Governors Association in ihrem Report über die Grundschulen: „. . . mit ihren Leistungen in Mathematik rangieren amerikanische 8-Kläßler auf dem neunten Rang unter den 12 höchstindustrialisierten Ländern der Welt.“ (Time for Results 1986, 5)

Auch die National Commission on Excellence in Education weist in ihrem vielbeachteten Bericht „A Nation at Risk“ auf die gesunkenen Testergebnisse an amerikanischen High Schools hin. Selbst so seriöse Wissenschaftler wie z. B. Ernest L. BOYER ziehen Testlängsschnitte heran, um die Leistungsfähigkeit amerikanischer Schulen aktuell zu beurteilen. Die Direktorin des Center for the Study of Evaluation der University of California/Los Angeles stellte noch kürzlich fest, „es scheine Zeit zu sein, neue Maßstäbe für schulische Verantwortlichkeit und Standards zu entwikkeln, denen die Meßverfahren selbst gerecht werden sollten.“ (National Education Association, 1988, I, 9)

Diese Stellungnahmen von Schulforschern und (Test-)Psychologen liegen im Trend der öffentlichen Meinung. In einer Repräsentativumfrage des Gallup-Instituts sprachen sich noch 1988 81 % der Befragten dafür aus, in den Schulen jährliche nationale Vergleichstests durchzuführen. Die Zahl der Befürworter ist seit 1971 (70 %) kontinuierlich gestiegen! Seit die Bush-Administration im Amt ist, hat sich die Diskussion über „national testing" weiter verstärkt.

Die tägliche Praxis in den Schulen wird u.a. durch die lokalen Schoolboards bestimmt. In den Einzelstaaten spielen die State Boards of Education eine wichtige Rolle. Wie langjährige Untersuchungen bestätigt haben, ist für diese Institution und ihre schulpolitische Arbeit ein Mittelklasse-Denken kennzeichnend, in dem u.a. der Leistungsgedanke, die Forderung nach „excellence" ein zentrales Anliegen ist. (Vgl. DICHANZ 1990) Es ist deshalb nicht verwunderlich, wenn gerade von den Schoolboards immer wieder die Forderung nach mehr, besseren und schärferen Tests erhoben wird. So werden bereits in 33 Einzelstaaten „Placementtests" verwendet (Time for Results, 1986, 97) In einem Reformpapier schlägt die National Governor's Association die Entwicklung zuverlässigerer Assessment-Tests vor. „Es ist wichtig, mithilfe der Messung von Lernleistungen Schülern zu helfen. Tests sollten für jeden Schüler Stärken und Schwächen und den Grad der Beherrschung der Lernziele in einem Fach verdeutlichen." (a.a.O., 108) In zahlreichen anderen Reports und Reformvorschlägen der 80er Jahre wird fast unisono die Entwicklung von mehr und besseren Leistungstests vorgeschlagen (vgl. u. a. The Minnesota Plan. BERMAN 1985). Der populär gewordene Bericht der National Commission on Excellence in Education (NCEE), die von Präsident Reagan berufen wurde, schlägt vor „Standardisierte Leistungstests ... sollten an allen wichtigen Übergangsstellen von einer Schulstufe zur nächsten, besonders aber beim Übergang von der High School zum College oder ins Arbeitsleben eingesetzt werden." (NCEE, 1983, 28)

Auf der einen Seite berichtet das Department of Education in einer Studie über die Schulpolitik aus 16 repräsentativ ausgewählten Schuldistrikts, für die meisten befragten Superintendends seien Tests „das beste Meßinstrument, um die Leistungen der Schüler festzustellen."

Andererseits gebe es Beschwerden. „Viele dieser Pädagogen klagen darüber, daß sich Öffentlichkeit und die Bildungspolitiker bei der Überprüfung von Reformanstrengungen zu sehr auf Tests verlassen, und sie kritisieren, daß manche Tests nicht das messen, was die Schüler nach dem Willen der Pädagogen vor Ort lernen sollten." (Experiences in School Improvement, 1988, 20)

Aber auch der Bildungsminister steht auf der Seite der Testbefürworter: „Damit ein verantwortungsvolles System gut arbeitet, müssen wir die Leistungsfähigkeit unserer Schulen überwachen. ... Aber ... in vielen Staaten ist es für den einfachen Bürger buchstäblich unmmöglich, zuverlässige Informationen darüber zu erhalten, wie gut ihre Schulen arbeiten." (BENNETT 1988, 48)

BENNETT schlägt vor, „state report cards" wie im Staat Kalifornien zu entwickeln, die es Schulen ermöglichen, „... ihre eigenen Leistungen mit denen ähnlicher Schulen zu vergleichen." (ebenda)

So kann es nicht verwundern, daß bei Schulpolitikern vor Ort und in den Gremien der Einzelstaaten eine große Vorliebe für den Einsatz von Tests zu beobachten ist, obwohl Schulforscher und weitsichtige Psychologen immer wieder auf die begrenzte Aussagekraft der Tests hinweisen.

Solche neuen Meßinstrumente werden zuhauf entwickelt, meist von kommerziell arbeitenden Testgesellschaften, gelegentlich auch von wissenschaftlichen Instituten. Die Nachfrage kommt aus den Schuldistrikts, den Einzelstaaten und gelegentlich auch von der Zentralregierung, wenn es z. B. um College-Zulassungstests geht. „All diese politischen und administrativen Ebenen wollen Daten und Informationen, um ihren Sorgen über die Leistung der Erziehung begegnen zu können, um den Erfolg von Schülern und Schulen zu messen, um die Kompetenz von Lehrern zu bestimmen und um die momentane und zukünftige Leistung zu kontrollieren, wenn neue Gesetze und Vorschriften erlassen werden." (LaPOINTE, in: INGENKAMP/SCHREIBER 1989, 20) In über 40 der 50 amerikanischen

Einzelstaaten sind inzwischen staatliche Testprogramme der verschiedensten Art gesetzlich fixiert, in zahlreichen Einzelstaaten und Schuldistrikts werden die Ergebnisse bestimmter Testbatterien jährlich veröffentlicht und so eine Rangskala der – nach Tests – besten Schulen erstellt.

Die bekanntesten überregionalen Tests sind der Scholastic Aptitude Test (SAT) und der American College Test (ACT), die beide in den Klassen 11 und 12 eingesetzt und von ca. 1/3 der High School-Besucher abgelegt werden müssen. Eine überegionale Bedeutung hat auch der National Assessment of Education Progress (NAEP), mit Hilfe dessen alle zwei Jahre ein repräsentatives Sample der 9-, 13- und 17jährigen Schüler auf seine Schulleistungen überprüft wird. Obwohl auch in den USA die Probleme bekannt sind, Ergebnisse aus solchen überregional eingesetzten Tests für regionale Vergleiche zu nutzen, übernimmt seit 1988 die Bundesregierung die Kosten für die Durchführung des NAEP, wenn sie für überregionale Vergleiche genutzt werden (vgl. LaPOINTE, 22). Sie hat auch eine „Leistungs-Landkarte“, bezogen auf SAT und ACT-Werte, erstellt, auf der jeder Einzelstaat leistungsgerecht „vermessen“ wurde.

Im folgenden werden die bekanntesten standardisierten Tests, der SAT und der ACT, in Ausschnitten vorgestellt. Danach wird aus einem zusätzlichen Lehrer-Einstellungstest, wie er z. Zt. in Kalifornien eingesetzt wird, ein Teil abgedruckt. Außerdem sollen einige weitere, kleinere Beispiele aus verschiedensten Einzelstaaten oder Schuldistrikts einen Eindruck von der Vielfalt der Tests vermitteln, wie sie einem überall in den Schulen der USA begegnen.

Dabei habe ich versucht, einen gewissen Querschnitt durch die verschiedenen Schulstufen zu erreichen.

Einschulungstest

First Grade Readiness Assessment Decision Model (Californien, Georgia)

Im Herbst 1988 beschloß das State Board of Education in Georgia, den schon seit einigen Jahren in Kalifornien angewandten „First-grade-readiness-test" zu übernehmen und mit einigen Veränderungen und Ergänzungen zu einem eigenen „Schulreifetest" auszubauen. Das Verfahren besteht aus zwei Teilen: Dem Bericht der Kindergarten-Erzieherin über die Leistungen eines Kindes im Bezug auf den Kindergartenlehrplan und den Testleistungen im Achievement Test. Stimmen beide Ergebnisse nicht überein, führen weitere Untersuchungen, vor allem der Sprachentwicklung, zur Entscheidung.

Wie in einem Informationsschreiben an die Eltern erläutert, ist es das Ziel des Tests, solche Kinder herauszufinden, die u.U. besondere Lernhilfen benötigen, um den Übergang in das erste Schuljahr sicher zu meistern.

Der eigentliche Test besteht aus 3 Teilen, für deren Durchführung ca. 90 min. vorgesehen sind. Die Testkonstrukteure wählten 3 Bereiche aus, aus denen sich besonders geeignete Prädiktoren entwickeln lassen: visuelle Wahrnehmungsfähigkeit, akustische Wahrnehmungsfähigkeit, Kennen und Anwenden mathematischer Konzepte.

Über das Ergebnis der Beurteilung werden die Eltern schriftlich informiert. Die Meinung der Eltern über ihre Kinder soll berücksichtigt werden, aber „die Schule hat das entscheidende Wort bei der Schullaufbahnentscheidung." (Brief des Department of Education Georgia vom 14.03.89 an den Verfasser)

Schulleistungstest

Der *SAT (Scholastic Aptitude Test)* ist der bekannteste und verbreitetste Test zur Vorbereitung der Collegeaufnahme. Er ist kein direkter Collegezugangstest, sondern wird in der High School durchgeführt. Die SAT-Ergebnisse werden, wie ein Collegeprospekt den Studenten klarmacht, aber von der Collegeverwaltungen genutzt, „um die Vorbereitungen und Fähigkeiten der Bewerber von verschiedenen High Schools zu vergleichen, die sich hinsichtlich der besuchten Kurse und Zensurenstandards sehr unterscheiden können. Colleges ziehen für die Entscheidung über die Aufnahme auch eure bisherigen High School-Laufbahn-Berichte und andere Informationen heran." (College Entrance Examination Board, Princeton 1985, 5) Der SAT besteht aus einem Sprachteil und einem mathematischen Teil. Im sprachlichen Teil werden der Grundwortschatz, die sprachliche Ausdrucksfähigkeit und das Leseverstehen überprüft, im mathematischen Teil sind arithmetische, grundlegend algebraische und geometrische Fragen enthalten. Der SAT wird benutzt als Hinweis darauf, wie gut ein Student mit den Anforderungen im College fertigwerden wird. Häufig ist dem SAT ein TSWE-Test beigefügt (Test of Standard Written English). Er soll den künftigen Collegestudenten helfen, die richtigen Englischkurse zu wählen. Technisch gesehen sind alle diese Tests multiple-choice-Tests, die mit Markierungsbögen maschinengelesen und ausgewertet werden. Die folgenden Beispiele zeigen Ausschnitte aus den ersten (leichtesten) Testfragen des Written English, des Mathematik- und des Sprachtests.

Der *ACT (American College Test)* ist breiter angelegt als der SAT. Er überprüft Kenntnisse in Englisch, Mathematik, Sozialwissenschaften und Naturwissenschaften. „Der beste Maßstab dafür, wie gut Du im College sein wirst, ist die Überprüfung der Fähigkeiten, die für die Collegekurse erforderlich sind." (Preparing for the ACT Assesment, 1987) Auch er ist ein reiner multiple-choice-Test, in dem mit Markierungsbögen gearbeitet wird.

Die wissenschaftlichen Vorbehalte gegenüber den Methoden, dem Umfang und der Gewichtung von Tests ist durchaus verbreitet, aber bisher merkwürdig folgenlos geblieben. Eine Erklärung hierfür dürfte die Tatsache sein, daß sich in den USA eine regelrechte Testindustrie entwikkelt hat, die neben erkennbaren wirtschaftlichen Zielen oft auch langfristige politische Ziele verfolgt. Die Möglichkeit solcher privaten Institutionen mit Evaluationsprogrammen (Testprogrammen) „. . . festzulegen, welche Art von Programmen und Forschungsvorhaben unterstützt werden sollen, gibt ihnen gelegentlich mächtigen Einfluß auf bildungspolitische Fragen" (SPRING 1978, S. 167). Obwohl es in den USA kein einheitliches Schulsystem und infolgedessen auch kein einheitliches Curriculum gibt, hat die Entwicklung von Testbatterien wie denen des SAT und ACT faktisch in bestimmten Bereichen ein nationales Curriculum geschaffen.

„Independent agencies that accredit secondary schools and institutions of higher education directly affect the curriculum and organization of those schools through their particular standards for accredition." (ebd.) „Unabhängige Institutionen, die über die Anerkennung von Sekundarschulen und Ausbildungseinrichtungen des tertiären Sektors entscheiden, beeinflussen durch die besonderen Kriterien ihrer Anerkennungsverfahren direkt Lehrpläne und Organisationsformen solcher Schulen."

Der größte und einflußreichste Testproduzent ist zweifellos der Educational Testing Service mit Sitz in New Jersey und mehr als 5000 Nebenstellen in der ganzen Welt. Auch in der Bundesrepublik sind mehr als 10 Nebenstellen in Amerika-Häusern oder amerikanischen Schulen für den ETS tätig, die von der Niederlassung für Europa in Arnheim gesteuert werden. Durch seine Computer laufen pro Jahr allein für die USA mehr als 6 Mill. Einzeltests. Seine Geschäftstätigkeit hat nicht nur zur kritischen pädagogisch-psychologischen Analysen geführt. In einer heftigen Kontroverse, die bis vor einen Senatsunterausschuß ging, hat der amerikanische Verbraucheranwalt Ralph NADER nachgewiesen, daß zahlreiche Testfragen, die Testdurchführung und ihre Auswertung gegen das Verfassungsgebot der Gleichbehandlung verstoßen. Aufgrund der Senatsberatung mußte ETS zahlreiche Fragebogen verändern. Allan NAIRN bezeichnet in einer bissigen Analyse den ETS als „The corporation that makes up minds" (A. NAIRN, 1980), „die Firma, die Meinungen macht". In einer umfangreichen testtheoretischen Untersuchung der Testentwicklung und -anwendung stellt NAIRN fest, daß die Testergebnisse kaum – wie vom ETS behauptet – prognostischen Wert hätten und soziale Klassenunterschiede verlängerten. Er weist nach, in welch großem Umfang die Arbeit der Testproduzenten sich an ökonomischen Kriterien orientiert und beschreibt eine – natürlich zum ETS gehörende – „Nachhilfe-Industrie" (coaching school industry), mit deren Hilfe begüterte Schüler es lernen könnten, ihre Testergebnisse zu verbessern. Gerade hierin erblickt NADER einen fatalen und entlarvenden Zirkelschluß der Testindustrie, die behaupte, mit den Tests ließen sich Fähigkeiten und Intelligenz messen. Wenn Nachhilfeunterricht Erfolg zeitige, „dann könnte die Grundannahme des ETS, sie messe stabile Begabungsanlagen, ernsthaft bezweifelt werden.“ (NADER 1980, S.X)

Wenn man die zahlreichen Fakten des NADER-Berichtes über den ETS liest, kann man sein Urteil verstehen, ETS habe die Fähigkeit, „die Chancen eines Menschen und die Annahmen Anderer über seine intellektuellen Fähigkeiten zu verändern.“ (ebd., 26) Aber auch der NADER-Report hat es nicht vermocht, die Faszination zu zerstören, die für viele Amerikaner von Testergebnissen ausgeht. Ich habe den umfangreichen Einsatz von Tests deshalb so ausführlich dargestellt, weil mir wenige Sachverhalte so typisch für die amerikanischen Schulen zu sein scheinen wie die Beliebtheit des Testens. Selbst in kanadischen Schulen, die in vieler Beziehung große Ähnlichkeiten mit den amerikanischen Schulen aufweisen, besteht gegenüber der Aussagekraft und Zuverlässigkeit von Tests eine große Zurückhaltung.

Ein weiterer Grund war für diese ausführliche Darstellung maßgebend: In schöner Regelmäßigkeit berichten amerikanische Medien über die schlechten Leistungen der High School- und Collegeabsolventen, vor allem wenn sie mit Schülern anderer Industrienationen wie z. B. Frankreich, Großbritannien, Japan, Nordkorea oder Westdeutschland verglichen werden (zuletzt noch: „The Brain Battle“ in: U.S.News & World Report, 19.1.1987) In nur ganz wenigen amerikanischen Untersuchungen, so z. B. bei GOODLAD und BOYER, wird aber der Zusammenhang erkannt, der zwischen der häufigen Anwendung von Tests, den dadurch bevorzugten Lernformen und den Schülerleistungen besteht. Ebensowenig wird eine andere Entwicklung zur Kenntnis genommen, die erheblich zum Absinken der Testergebnisse seit den 60er Jahren beigetragen hat: Die „Änderung der getesteten Population“, weil immer mehr Schüler, inzwischen gut 80%, zur High School gehen. (H. SCHREIBER 1986, 37) Eigentlich kann es niemanden verwundern, daß Lernformen, die zu einem erheblichen Anteil auf simpelsten Lernmodellen wie z. B. denen des Behaviorismus basieren, nur Lernergebnisse im Bereich einfacher Lernaufgaben erbringen, bei komplexeren, gar abstrakten Aufgaben aber weitgehend versagen.

Es ist erstaunlich, daß dieser in der pädagogisch-psychologischen Diskussion in den USA natürlich bekannte Sachverhalt von Schulpolitikern, Schulpraktikern und vor allem vielen in der Schulpolitik tätigen Laien nicht akzeptiert wird. Hier erliegen Gremien und Personen immer wieder der Faszination von Effektivierungsmodellen aus der Wirtschaft und schaden damit dem Schulwesen.

9. Die USA und ihre Schulen

In mehreren Kapiteln habe ich auf die engen Beziehungen hingewiesen, die zwischen der amerikanischen Öffentlichkeit und den amerkanischen Schulen zu beobachten sind. Insofern kann wirklich von den USA und „ihren" Schulen gesprochen werden.

Wie viele Sachverhalte in Amerika ist auch diese Beziehung doppeldeutig: Von den ersten Äußerungen der Gründerväter über die Bedeutung der Erziehung aus den früheren Neuenglandstaaten bis zu Verlautbarungen des gegenwärtigen Präsidenten Bush auf dem „Education summit" im Oktober 1989 lassen sich Äußerungen dokumentieren, in denen führende Politiker ungeachtet ihres politischen Standortes die große Bedeutung der öffentlichen Schulen in den USA beschworen und bestätigt haben. Andererseits hat es bis 1978 gedauert, ehe ein Erziehungsminister der Bundesregierung Zugang zum Kabinett erhielt.

Wenngleich eine rückblickende Analyse der Beziehungen der amerikanischen Öffentlichkeit zu ihren Schulen aus bildungspolitischer wie aus schultheoretischer Sicht äußerst interessant wäre, muß ich hier darauf verzichten. Um die immer wieder behaupteten engen Beziehungen der amerikanischen Gesellschaft zu ihren Schulen zu belegen, aber auch die Vielfalt der engagierten und beteiligten Personen und Institutionen zu veranschaulichen, möchte ich auf die Dekade amerikanischer Bildungspolitik etwa seit 1980 eingehen. Diese Periode wird in den USA selbst als Phase kritischer Bestandsaufnahme und nachfolgender Reformansätze betrachtet, in dieser Zeit sind zahlreiche wissenschaftliche Untersuchungen, bildungspolitische Reports und Pamphlete veröffentlicht worden (vgl. DICHANZ/PODESCHI 1986, DICHANZ 1987). Voller Ironie stellte BRUCE DOLLAR von der N.Y. Schulverwaltung fest: „Wenn Amerikaner eine Krise benötigen, um auf wichtige soziale Erfordernisse zu reagieren, dann müßte es jetzt eine gute Zeit für Bildungsfragen sein. Und wenn sich der Ernst einer Krise an der Anzahl hochkarätiger Kommissionen messen ließe, dann wäre die derzeitige Krise wirklich gewaltig." (DOLLAR, 1983, 7) Die Berichte spiegeln sowohl eine Reihe der Argumente wider, die das Verhältnis der USA zu ihren Schulen kennzeichnet, sie repräsentieren aber auch die wichtigsten gesellschaftlichen und politischen Gruppierungen und Institutionen, die sich an der bildungspolitischen Diskussion beteiligen. Das Ausmaß dieser Beteiligung und die Vielzahl der beteiligten Gremien ist aus unserer Sicht erstaunlich.

Auch wenn in der Bundesrepublik die Erinnerung an das Stichwort von der „deutschen Bildungskatastrophe", mit dem Georg PICHT 1964 die Bildungsdiskussion anfachte, noch vorhanden sein mag, bildungsrelevante Ereignisse haben bei uns nie den Stellenwert erlangt wie beispielsweise der „Sputnikschock" 1957 in den USA. Dieses weltpolitische Ereignis macht wie kaum ein anderes deutlich, welche Bedeutung weltpolitischer Erfolg und globales Ansehen für die meisten Amerikaner haben. Es entspricht amerikanischer Tradition, daß die Schuld für ein politisches Desaster wie den Start des Sputnik durch die Sowjetunion u. a. den Schulen und ihrer schlechten Ausbildungsarbeit zugeschrieben wurde. Wirtschaftsexperten schätzten, „daß die Fehlentwicklungen im Schulsystem die Nation der Gefahr aussetzen, eine zweiklassige Wirtschaftsmacht zu werden." („The Brain Battle, 1987) Es war – so gesehen – nur konsequent, daß neue bildungspolitische Maßnahmen geplant wurden, um dieses Fehlergebnis zu korrigieren. Die National Defence ACT von 1958 sollte mit einem umfangreichen Förderungsprogramm dazu beitragen, den Unterricht in den Naturwissenschaften, Mathematik und Fremdsprachen zu erweitern und zu verbessern, um auf diese Weise ein abermaliges Scheitern der amerikanischen Raumfahrtpolitik zu verhindern!

Zu Beginn der 80er Jahre trat eine ähnliche Situation ein. Mehrere nationale Untersuchungen der Leistungen von High School-Absolventen zeigten Testergebnisse, die im Vergleich zu Vorjahren deutlich sinkende Tendenzen aufwiesen. Vergleichsuntersuchungen mit anderen Industrienationen verwiesen amerikanische Schüler durchweg auf die hinteren Plätze, Ergebnisse, die vor allem Wirtschaftsfachleute und Bundespolitiker alarmierten. In den Jahren bis ca. 1985 wurden von den verschiedensten Gremien mehr als 28 (!) Analysen, Reports und Reformpläne veröffentlicht, die alle dem gleichen Ziel dienten: den Unterricht in amerikanischen Schulen zu verbessern und die Leistungen amerikanischer Schüler deutlich anzuheben. Kritik und Reformvorschläge dieser Analysen machten sich vor Ort viele Politiker, Schulverwaltungen und Eltern zu eigen, so daß aus den bundesstaatlichen Initiativen an vielen Stellen ein „grassroots-movement“ wurde.

Zahlreiche Äußerungen in diesem Zusammenhang klingen durchaus dramatisch. Der renommierte Schulforscher GOODLAD stellt fest: „Unser gesamtes öffentliches Schulwesen scheint dem Zusammenbruch nahe zu sein.“ (GOODLAD 1983, 1) Eine Regierungskommission äußert eine „weitreichende Furcht vor Mittelmäßigkeit“ und sieht „die amerikanische Nation in Gefahr“ (NCEE 1983, 5). Eine von der Carnegie Corporation veranstaltete Konferenz „Education and Economic Progress“ forderte: „Education must move to the top of the national agenda if the nation is to prosper.“ (CARNEGIE CORPORATION 1983) „Bildungsfragen müssen wieder an die Spitze der nationalen Tagesordnung, wenn die Nation weiterhin gedeihen soll.“ Der Erziehungswissenschaftler BOYER ruft die amerikanische Nation dazu auf, mithilfe ihrer Schulen „ihre Führungsposition und ihren Stolz zurückgewinnen“ (BOYER 1983, 1).

Nach den Ergebnissen verschiedenster Tests, über die aus den USA berichtet wird, dürfte dies schwierig genug werden. BOYER legte Längsschnitte von Testergebnissen vor, nach denen sich die durchschnittlichen Testergebnisse in den sechziger und siebziger Jahren zum Teil dramatisch verschlechtert haben. Jedenfalls sind sie kaum als Ergebnis erfolgreicher schulischer Arbeit zu betrachten. Er greift außerdem auf eine internationale Vergleichsstudie von COMBER/KEEVES zurück, in der Absolventen amerikanischer Schulen auf einem der hinteren Plätze – allerdings z. T. vor der Bundesrepublik (!) – landen.

Testergebnisse dieser Art haben die amerikanische Öffentlichkeit immer wieder alarmiert und zahlreiche Gruppen und Institutionen dazu veranlaßt, sich ein eigenes Bild von der Leistungsfähigkeit der Schulen zu machen und eigene Vorstellungen davon zu entwickeln, wie die „erkannten“ Defizite beseitigt werden könnten: Eine beinahe populistisch angelegte Schulreform, in der jeder etwas zu sagen hat!

- Die von Präsident Reagan 1982 berufene „National Commission on Excellence in Education“ fordert eine Verstärkung in den Grundkursen (New Basics) von Englisch, Mathematik, Naturwissenschaften, Sozialwissenschaften, Computerkenntnisse. Das Angebot in berufskundlichen Kursen soll verbessert, die College-Zugangsbedingungen verschärft werden.

- Die „20th Century Fund Research Foundation“, ein Zusammenschluß von Schulfachleuten, spricht sich für mehr Kompetenz der Zentralregierung aus und schlägt ein „National Master Teacher Program“ vor, das zur Verbesserung der Lehrerleistungen beitragen soll.

- Das National Science Board, ein von der Carnegie Corporation finanziertes Gremium zur Förderung des naturwissenschaftlichen Unterrichts, verlangt eine Ausdehnung des naturwissenschaftlichen Unterrichts in Verbindung mit der Verlängerung des Schultages (der jetzt schon häufig von 8.00 bis 16.00 Uhr dauert), der Schulwoche und des Schuljahres.

- Ein Forscherteam des eher kritisch-liberalen Theodore SIZER untersucht im Auftrage der „National Association of Secondary School Principals“ und der „National Association of Independent Schools“ die amerikanische High School und verlangt – ähnlich wie J. GOODLAD – die Verstärkung analytischer, kreativer, argumentativer Fähigkeiten anstelle von „simply accumulating facts“ als Ziele der High School.

- Die „Task Force on Education for Economic Growth“, eine Kommission, die Fachleute aus verschiedenen Einzelstaaten zusammenführte, spricht sich für eine Straffung des Curriculums vor allem in den zentralen Lernfächern und eine Anhebung der Collegeanforderungen aus.

Analysen, Berichte, Reports, durchdachte Reformvorschläge, Urteile, Meinungen und Vorurteile . . . in dieser Unmenge von Reformvorschlägen ist alles zu finden, – und natürlich auch vieles Widersprüchliche (AERA (Ed.) 1984; Education Commission of the States 1983). Gemeinsam ist den meisten Reports aber das Ziel: „. . . aus den

Schulen ein Instrument für Demokratie, individuelle Chancen und soziale Mobilität zu machen." (BENNETT 1987, 1)

Die renommierte Carnegie Corporation beschreibt den gemeinsamen Tenor vieler Reports: „Der gemeinsame Nenner ist die Notwendigkeit einer gründlichen Verbesserung der Qualität der Schulen, um den Anforderungen begegnen zu können, die sich aus einer technologisch strukturierten Wirtschaft ergeben, die in hohem Maße von gut ausgebildeten Männern und Frauen abhängt. . . . Das amerikanische Schulsystem hat bisher immer noch den gesellschaftlichen Bedürfnissen entsprochen . . . Heute sind die Bedürfnisse der Wirtschaft zweifellos das Wichtigste" (1983).

Diese Interessen sind es auch, die Präsidentschaftskandidaten gelegentlich dazu veranlassen, sich zu bildungspolitischen Fragen aus nationaler Sicht zu äußern. Bei dem Kandidaten Bush war dieser Bezug unübersehbar:

„Bildung kann zu unserem durchschlagkräftigsten Wirtschaftsprogramm, zu unserem wichtigsten Handelsprogramm, zu unserem wirksamsten Programm gegen die Armut werden . . . Bessere Schulen werden bessere Arbeitsplätze für unsere Jugend bedeuten, und dies ist gleichbedeutend mit einem konkurrenzfähigeren Amerika." (BUSH 1988, 112)

Deutlicher kann man die Instrumentalisierung der öffentlichen Erziehung kaum beschreiben. Der Mitbewerber DUKAKIS formulierte etwas emotionaler, meinte aber nicht viel anderes, als er sagte:

„Kein Thema, keine Sorge, keine Einrichtung bedeutet mir mehr als Erziehung. Für meine Familie war Bildung wie für Millionen von Amerikanern die Chancenleiter, die uns half, den amerikanischen Traum Wirklichkeit werden zu lassen. . . . Der Schlüssel zu diesem Traum sind die Bildungschancen für jeden Amerikaner." (DUKAKIS 1988, 117)

Auswärtige Beobachter der politischen, insbesondere der bildungspolitischen Szene in den USA haben oft Schwierigkeiten, die wohltönenden, vollmundigen, in Superlativen schwelgenden Beiträge amerikanischer Politiker aller Ebenen zu verstehen und richtig einzuschätzen. Ob es der

Leiter einer örtlichen Schule, der Schulrat des Bezirks, das Mitglied eines Schoolboards oder der State-Schulverwaltung oder ein Abgeordneter des State- oder Bundeskongresses ist, bei öffentlichen Anlässen läßt sich keiner vom anderen übertreffen, wenn es um die Beschreibung der Bedeutung der Schulen und der öffentlichen Erziehung geht. Im Vergleich zu deutschen Verhältnissen ist der Ton dabei ungleich emphatischer, emotionaler, überschwenglicher – und unrealistisch. Man muß schon ein recht kühler Analytiker sein, wenn man diesem Bildungsenthusiasmus entgehen will. Und es bedarf einiger Suche, ehe man kritisch-distanzierte Stellungnahmen von amerikanischen Fachleuten findet. Natürlich gibt es sie, und sie sind von erfrischender Unmißverständlichkeit. Doch Analysen wie die des Washingtoner Journalisten George KAPLAN sind in ihrer umfassenden Sachkunde, fundierten Kritik und beißenden Schärfe eher selten.

„. . . Bildung war nie ein ernsthaftes Thema in öffentlichen Verlautbarungen eines Präsidenten, gleichgültig, ob in einer republikanischen oder einer demokratischen Regierung . . . Bildungsfragen haben weder die Wahlen beeinflußt noch Stimmen gebracht . . . Bildung ist ein Rohrkrepierer, der in seiner politischen Bedeutung so eben vor der Reinhaltung der Wasserwege, aber hinter Tabaksubventionen rangiert." (KAPLAN 1988, 120)

Auch die Bewertung des Bildungsressorts in Vergleich zu den übrigen 12 Ministerien fällt entsprechend kritisch aus: „. . . das in der Reihenfolge 13. Ministerium (Bildungsministerium, H.D.) hat sich seit den Tagen seiner Errichtung in Bedeutung und Einfluß bequem auf der untersten Stufe eingerichtet." (a.a.O., 121)

Ohne derartige kritisch-korrigierende Äußerung bleibt das Bild amerikanischer Bildungspolitik unrealistisch optimistisch. Dies hat sich auch unter der derzeitigen Bush-Regierung nicht geändert. Präsident Bush, der sich selbst als „the education president" sieht, reiht sich mit seinen Vorgänger in die einfachen Formeln vieler Vorläufer ein.

Nach wie vor plädieren die – mit wenig Kompetenz ausgestatteten – Bildungsminister der Bundesregierung für schnelle, einfache Lösungen nationaler Probleme und entwerfen Reformkonzepte, für deren Realisierung sie wenig tun, bestenfalls einiges Geld bereitstellen können. Die inhaltlichen Formeln sind sehr einfach:

– A Nation at Risk (1983)
– Time for Results (1986)
– First Lessons (1986)
– What Works (1987)
– Experiences in School Improvement (1988)
– American Education. Making it work (1988)
– The Educational Excellence Act (1989)

Doch keiner der Bildungsminister, die auf Reformergebnisse angesprochen werden, konnte der Öffentlichkeit von einem Durchbruch berichten, im Gegenteil: Noch im Mai 1989 mußte der neue Bildungsminister der Bush-Regierung Cavasos öffentlich eingestehen: „In den letzten drei Jahren haben wir nicht den geringsten Fortschritt gemacht". (The Milwaukee Journal, 3.5.1989) Erneut waren die Testergebnisse bei der Durchführung des SAT (vgl. S. 4) gesunken, meldeten 14 der 22 Einzelstaaten, die den SAT als College-Eingangstest nutzen, fallende Testergebnisse. Inzwischen gibt es in acht Einzelstaaten Verfahren, die es den jeweiligen Schulverwaltungen erlauben, direkt in solche Schulbezirke einzugreifen, die unzufriedenstellend arbeiten („academically bankrupt districts"). Dies ist angesichts der umfassenden Zuständigkeit der Schoolboards eine sehr weitgehende Maßnahme! Aber die Sorge in der amerikanischen Öffentlichkeit ist groß: „Das amerikanische Schulwesen stagniert in einem neuen Vergleich von Schulleistungen in fast allen Leistungsdateien . . ." (The Milwaukee Journal, ebenda)

Es ist bisher nicht oft vorgekommen, daß sich amerikanische Präsidenten besonders für Fragen der Bildungspolitik interessiert oder gar engagiert haben. Präsident Carter sah immerhin die Notwendigkeit, ein zentrales Bildungsministerium einzurichten. Wenn sich dann ein Präsident vornimmt, als „education president" tätig zu werden, ist dies schon bemerkenswert. Noch ungewöhnlicher ist die Allianz, die im Oktober 1989 Präsident Bush mit der Vereinigung der Gouverneure schloß, die ihn zu ihrem „Bildungsgipfel" (education summit) nach Charlottesville, Virginia, eingeladen hatten. Es müssen schon besondere Probleme vorliegen, damit es zu einer solchen gemeinsamen Aktion kommt. Aber die Töne, die dort angeschlagen wurden, klingen vertraut und ähneln denen anderer schulpolitischer Debatten. Erneut beschwor Präsident Bush die Versammlung der Gouverneure, „daß besser ausgebildete Bürger der Schlüssel sind für wachsende Größe und wachsenden Wohlstand der Vereinigten Staaten." Erneut ist eine schleppende Wirtschaftsentwicklung der Grund für das Engagement der Politiker: „Wir müssen als Nation eine ausgebildete Arbeiterschaft haben, die hinter niemandem zurücksteht, um in der immer stärker werdenden Konkurrenz der Weltwirtschaft erfolgreich zu sein." Und wieder einmal ist es Zeit, gemeinsame Ziele zu formulieren, die zu erreichen eine nationale Aufgabe ist. „Zum ersten Mal in der Geschichte der Vereinigten Staaten ist die Zeit gekommen, klare, nationale Leistungsziele zu formulieren, Ziele, die uns international konkurrenzfähig machen." (Bush, zit. n. New York Times, 1.10.1989)

Der Präsident kam nicht mit leeren Händen, er legte einige konkrete Vorschläge auf den Tisch:

- Es sollen nationale Bildungsziele erarbeitet werden.
- Die den einzelnen Staaten zur Verfügung gestellten Bundesmittel sollen in Zukunft flexibler verwendet werden dürfen.
- In einer durch die Bundesregierung kontrollierten Aktion sollen die Schulsysteme jedes Einzelstaates Schritt für Schritt verbessert werden.
- Bundes- und Einzelregierungen sollen jährlich in einem Bildungsbericht Rechenschaft über die erzielten Fortschritte ablegen.

Auch wenn man weitere Einzelvorschläge von Bush hinzunimmt, bleibt seine Aktion ein umfangreiches Versprechen, das auch in der Öffentlichkeit als „political showcase" betrachtet wird (New York Times, 24.9.1989). Denn konkrete Angebote konnte der Präsident kaum unterbreiten, und auch die Tatsache, daß seit 1980 der föderale Bildungsetat um fast ein Drittel geschrumpft ist, wurde nicht korrigiert.

So scheint, trotz wohltönender Vorschläge und Versprechungen aus Washington, die Aufgabe der ständigen Beobachtung und Verbesserung der Schulen dort zu bleiben, wohin sie nach der amerikanischen Verfassung gehört: bei den einzelnen Staaten und den Schulbezirken. Dies sah auch die Mehrzahl der Gouverneure so, als sie gegenüber der Bundesregierung feststellte, daß seit 1982 mehr als 40 Staaten Reformmaßnahmen zur Verbesserung der Schulen und zur Verminderung der Kosten durchgeführt haben, Washington aber nichts dergleichen vorweisen könne.

So überzeugend und aufrüttelnd die Rede eines Präsidenten auch sein mag, Gouverneure und Schoolboard-Mitglieder wissen, daß Verbesserungen der Schulen ohne eine Verbesserung der Lehrerausbildung und Reformen im Schulsystem nicht möglich sind und alles dies Geld kostet, das ihnen Washington bisher nicht zur Verfügung gestellt hat. Aber selbst wenn reichlich Bundesmittel bereit ständen, erklärten einige Gouverneure, sie würden eher auf dieses Geld verzichten als in die Abhängigkeit der Bundesregierung zu geraten. Föderale Bildungspolitik in all ihren Schattierungen . . .

Die bildungspolitische Diskussion seit Beginn der 80er Jahre bestätigt exemplarisch, wie sehr die amerkanische Öffentlichkeit um die Entwicklung ihrer Schulen besorgt ist und vom öffentlichen Schulsystem die Behebung oder Beseitigung gesellschaftlicher Fehlentwicklungen erwartet. „Es scheint, als gäbe es selten eine öffentliche Krise, in der Schulen nicht zumindest teilweise als Lösungshilfe betrachtet würden.“ (CLIFFORD/GUTHRIE, 6) „Sozialer Zusammenhalt, bürgerliche Einheit, nationale Verteidigung, persönliche Gesundheit, Stabilität der Familien, wirtschaftliche Energie, Rassenharmonie und sicheres Autofahren sind einige Punkte auf der nationalen Tagesordnung, von denen man erwartete, daß Schulen sie in Gang hielten und sie weiterbrächten.“ (ebenda) CLIFFORD/GUTHRIE bezeichnen die Einstellung der amerikanischen Öffentlichkeit zu ihren Schulen gar als eine weltliche Religion (secular religion), die sie bewundern, an deren Einfluß sie glauben, die sie immer wieder für verschiedenste Fehlentwicklungen verantwortlich machen. Hierin zeigt sich ein Merkmal amerikanischen Denkens, das sich insbesondere in der Einschätzung der Individualbildung, die der Bildung der Persönlichkeit dient, vom europäischen Denken deutlich unterscheidet. „Aber Bildung wird meist als ein Mittel, nicht als wertvolle Aufgabe an sich bewertet. Lernen ist – wie auch das Lehren –, etwas deutlich anderes als Tun, – und im Vergleich dazu minderwertiger.“ (a.a.O., 5)

In dieser Grundeinstellung liegt nicht nur die Erklärung dafür, daß sich in den letzten 10 Jahren zahlreiche unterschiedliche Expertengruppen, Fachverbände und Stiftungen mit der Lage der amerikanischen Schulen befaßt, ihre Leistungen durchweg kritisiert und Verbesserungen vorgeschlagen haben, auch die Inhalte der einzelnen Vorschläge selbst lassen deutlich erkennen, in welchem Umfang die amerikanische Öffentlichkeit daran gewöhnt ist, ihre Schulen als Instrumente zu betrachten und zu nutzen.

Es liegt nahe, am Schluß der Darstellung des amerikanischen Schulsystems (genauer: der amerikanischen Schulsysteme) Einschätzungen wie die der Instrumentalisierung amerikanischer Schulen vor allem durch die Wirtschaft in Verbindung zu bringen mit generellen Denktraditionen in den USA. Hierfür bieten zahlreiche Sachverhalte, Beobachtungen und referierte Argumente Anlässe. Auch ist die Verlockung groß, sich unter Nutzung einiger – durchaus erklärbarer – Vorurteile an der pauschalen Charakterisierung einer Nation zu beteiligen, die u. a. durch zahlreiche Widersprüchlichkeiten gekennzeichnet ist. Wenngleich es seit TOQUEVILLE zahlreiche Philosophen, Anthropologen und Ethnologen – wie z. B. HUIZINGA, KING, STEWART, FOWLES u. a. – immer wieder versucht haben, die Eigenheiten der Amerikaner zu beschreiben und mit denen vor allem europäischer Nationen zu vergleichen, sollen diese Versuche hier nicht referiert oder ein ähnlicher Weg beschritten werden. Die für eine solche Charakterisierung erforderliche Grundlegung z. B. durch historische Daten oder eine intensive Beschäftigung mit amerikanischen individuellen und gesellschaftlich-politischen Wertsystemen (vgl. hierzu LÖSCHE 1989) sprengt den Rahmen dieser Arbeit.

Aus ähnlichen Gründen unternehme ich auch nicht den Versuch, das amerikanische Schulsystem insgesamt mit dem deutschen zu vergleichen. Ohne auf die enormen methodischen Schwierigkeiten eines derartigen Vergleichs hier einzugehen (vgl. hierzu DICHANZ 1990), sollte klar geworden sein, daß Entstehungsgeschichte, gesellschaftliche Zielvorgaben und deren Konkretisierung in amerikanischen Schulen so stark in gesellschaftliche Beziehungen eingebunden sind, daß simple Vergleiche etwa hinsichtlich der Schülerleistungen, der Qualität von Abschlüssen, der Standards der Lehrerausbildung u. ä. nicht möglich sind.

Wer sich angesichts der unterschiedlichen Bedingungen mit den andersartigen Wertvorstellungen in den USA befaßt (vgl. u. a. PODESCHI 198., KNELLER 1971, SPINDLER 1985) wird bald akzeptieren, daß Urteile und Vergleiche nur im Rahmen der von der amerikanischen Gesellschaft selbst definierten Ziele und Wertvorstellungen oder erst im Anschluß an eine sorgfältig entwickelte Vergleichsbasis möglich sind. Doch auch dann sind Überraschungen vorprogrammiert. Sie hängen mit einer Eigenschaft amerikanischen Denkens zusammen, die der Engländer STEWART freundlich so skizziert: „Der Amerikaner ist ein Pragmatiker.... Daß zahlreiche Ideen und Wertvorstellungen zueinander in Widerspruch stehen, stört ihn nicht." (STEWART 1972, 74) Mag diese Charakterisierung zutreffen oder nicht, hinsichtlich des Umgangs der USA mit ihren Schulen läßt sie sich leicht nachvollziehen, im Jahre 1990 wie schon vor 100 Jahren:

> *„Unsere Zukunft muß weiterhin auf einer unserer stolzesten Traditionen ruhen – einer umfassenden Erziehung, die jedem Amerikaner die Chance gibt, seine/ihre Lernmöglichkeiten in vollem Umfang auszuschöpfen." (BUSH 1989, 118)*

„Das einst so stolze und wirksame öffentliche Schulsystem der Vereinigten Staaten – insbesondere seine einzigartige unentgeldliche High School für alle – hat sich verwandelt in ein Brachland, in dem Gewalt und Laster sich die Zeit teilen mit Ignoranz und Untätigkeit. Sie dient als Schlachtfeld für überkommene soziale, politische und wirtschaftliche Vorrechte. Das neue Produkt dieses verdorbenen Systems, der funktionale Analphabet, zählt nach Millionen ..." (BARZUN *1891*, 34-36)

Literatur

American Schoolboard Journal 1986

AERA (Ed.): Our Nation's Schools. Norman FRANCIS e. a.; Summary of Reports. 1984

ARONOWITZ, Stanley/GIROUX, Henry: Schooling, Culture and Literacy in the Age of Broken Dreams. A Review of BLOOM and HIRSCH. In: Harvard Educational Review Vol. 58, 1988, Nr. 2, 172

BAGLEY, William C.: „Class room management", 1907

BARZUN, Jaques: Teacher in America, Garden City, NY. Dobleday 1954

BARZUN, Jaques: The Wasteland of American Education, NY Review of Books, 5.11.1891

BELLAH, Robert N./MADSEN, Richard/SULLIVAN, William M./SWIDLER, Ann/TIPTON, Steven M.: Habits of the Heart. Individualism and Commitment in American Life. University of California Press, Berkeley and Los Angeles, California 1985

BENDIX, Reinhard: Nation-Buildung and Citizenship. John Wiley & Sons, Inc. N. Y. 1964

BENNETT, William J. (U.S. Secretary of Education): American Education. Making it Work, U.S. Department of Education (Hrsg.), Washington, D.C. 1988

BENNETT, William J. (U.S. Secretary of Education): First Lessons. A Report on Elementary Education in America, U.S. Department of Education (Hrsg.), Washington, D.C. 1986

BENNETT, William J. (U.S. Secretary of Education): To Reclaim a Legacy: A Report on the Humanities on Higher Education, National Endowment for the Humanities (Hrsg.), Washington, D.C. 1984

BENNETT, William J. (U. S. Secretary of Education): James Madison High School. A Curriculum For American Students, 1987

BERMAN, Paul: The Next Step: The Minnesota Plan, In: Phi Delta Kappan 1985, Nov.

BESAG, Frank P./NELSON, Jack L.: The Foundation of Education: Stasis and Change, New York, Random House 1984

BLOOM, Allan: Der Niedergang des Amerikanischen Geistes: ein Plädoyer für die Erneuerung der westlichen Kultur, New York 1987, Hamburg 1988

BODE, Herbert F.: Bildungswesen, Chancengleichheit und Beschäftigungssystem. Vergleichende Daten und Analysen zur Bildungspolitik in den USA, München 1980

BOHNSACK, Fritz: Erziehung zur Demokratie: John Deweys Pädagogik und ihre Bedeutung für die Reform unserer Schulen, Ravensburg 1976

BOWLES, Samuel/GINTIS, Herbert: Schooling in Capitalist America: Educational Reform and the Contradiction of Economic Life, New York, Basic Books 1976 (deutsch: –: Pädagogik und die Widersprüche der Ökonomie: Das Beispiel USA, Frankfurt 1978)

BOYD, William Lowe/CIBULKA, James G.: Private Schools and Public Policy: International Perspectives, London, New York, Philadelphia 1989

BOYER, Ernest L.: High School. A Report on Secondary Education in America. NY 1983

BROWN, Cynthia G.: Is „excellence" a threat to equality?, in: GROSS/GROSS a.a.O.

BUSH, George: The Bush Strategy for Excellence in Education, in: Phi Delta Kappan 1988, Oct., 112-118

BUTTLAR, Annemarie: Die Reform der amerikanischen Gesamtschule: Neue Aufsätze für die Entwicklung von Curricula, München 1985

CALLAHAN, Joseph F./CLARK, Leonard H.: Innovations and Issues in Education: Planning for Competence, New York, Macmillan 1977

CALLAHAN, Raymond E.: Education and the Cult of Efficiency, University of Chicago 1972

CAMPBEL, Roald/CUNNINGHAM, F.L.L./NYSTRAND, Raphael, O./USDAN, Michael D.: The Organization and Control of American Schools, Bell & Howel Company, Columbus, Ohio 1985, 5. Aufl.

CARNEGIE CORPORATION N.Y., Ed. and Econ. Progr.: Toward a National Education Policy: The Federal Role, NY 1983

CLARK, David L.: High School Seniors React To Their Teachers And Their Schools, in: Phi Delat Kappan 1987, H. 3, 503-509

CISTONE, Peter J.: Understanding School Boards. A National School Boards Association Research Study. Lexington, Mass., Toronto, London 1975

CLIFFORD, Geraldine Joncich/GUTHRIE, James W.: Ed School. A Brief for Professional Education. The University of Chicago Press, Chicago and London 1988

COHEN, Joe: The Forming of the Common School, in: KNELLER, George F., a.a.O.

COHEN, Joe: The Transformation of the School, in: KNELLER, George F., a.a.O.

COLEMAN, James/CAMPBELL, E. e. a.: Equality for Educational Opportunity, Washington/D.C., Government Printing Office 1966

COLEMAN, James/HOFFER, Thomas/KILGORE, Sally: Questions and Answers. Our Response, in: Harvard Education Review, Vol. 51, Nr. 4, 1981, 526-545

COLEMAN, James et al: Youth. Transition to Adulthood. University of Chicago Press, Chicago 1974

COLEMAN, James S./HOFFER, Thomas: Public and Private High Schools. The Impact of Communities, New York 1987

COLEMAN, James S./HOFFER, Thomas/KILGORE, Sally: High School Achievement. Public, Catholic, and Private Schools Compared, New York 1982

COLEMAN, James S., in: HAHN, Robert O./BIDNA; David, B.,1970, a.a.O.

College Entrance Examination Board, Princeton 1985

COMBER, L. C./KEEVES, John P.: Science Education in Nineteen Countries, Stockholm-New York 1973

CONANT, James B.: Slums and Suburbs, New York, McGraw-Hill 1961

CONANT, James B.: The American High School Today. N.Y. 1969

COOPER, Bruce S.: The changing univers of US private schools. In: JAMES/LEWIN, a.a.O.

CORWIN, Ronald: Militant Professionals: A Study of Organized Conflict in the High School, New York 1970

CREMIN, Lawrence A. (ed.): MANN, Horace: The Republic and the School: Horace Mann on the Education of Free Men, New York, Teachers' College Press: Classics in Education I 1970

CREMIN, Lawrence A.: The Transforming of the School. Progressivism in American Education 1876-1957, NY 1961

CREMIN, Lawrence A.: American Education. The Metropolitan Experience, 1876-1980, Harper & Row Publishers, N. Y. 1988

CUBBERLEY, Ellwood P.: Public Education in the United States. Cambridge, Mass. 1934

CUSICK, Philip A: The Egalitarian Ideal and the American High School, Longman, NY & London 1983

DEAL, Terence. E./NOLAN, Robert R. (Ed.): Alternative Schools. Ideologies, Realities, Guidelines. Chicago 1978

DEWEY, John: The Child and the Curriculum and The School and Society. The University of Chicago Press, Chicago and London 1956

DEWEY, John: Demokratie und Erziehung, NY 1915, dt. Braunschweig 1964

DE YOUNG, Chris A./WYNN, Dale R.: American Education. 8. Aufl. McGraw-Hill, N.Y. 1977
DICHANZ, Horst: Shorewood: Porträt einer amerikanischen High School, in: betrifft:erziehung, 1984, H. 6, 80-85
DICHANZ, Horst: Autorität, Ansehen und Respekt amerikanischer Lehrer, in: Westermanns Pädagogische Beiträge 1984, Heft 7/8, 346-350
DICHANZ, Horst: USA: Schulen im Blickpunkt. In: Pädagogik heute 1987, H. 7/8
DICHANZ, Horst: 20 Jahre Gallup.-Umfragen zum Schulwesen in den USA, in: Bildung und Erziehung 1989, H. 2
DICHANZ, Horst: Wer kontrolliert Amerikas Schulen; in: Die Deutsche Schule 1990, H. 3
DICHANZ, Horst/CIMPERMANN, Ruth: Integrierte Erwachsenenbildung zwischen Volkshochschule, Betrieb und Universität. In: Weiterbildung und Medien, 6/1984
DICHANZ, Horst/EUBEL, Klaus-D.: Schulbildung nach Vorschrift oder à la carte? Kernfächer und Wahlkurse in den USA und in Schweden. In: Pädagogik heute 41/1989, H. 9
DICHANZ, H./PODESCHI, Ron: Krise im amerikanischen Schulwesen? in: Zeitschrift für Pädagogik 1986, H. 1, S. 51-68
DICHANZ, Horst/ZAHORIK, John: Methodenmonismus und Folgen für die Lehrerausbildung, in: Bildung und Erziehung 1986, H. 3, 295-310
DOCK, Christopher: Schulordnung Germantown, Pen. Christoph SAUR 1770
DOLLAR, Bruce: What is really going on in Schools, in: Social Policy, 4, 1983, 7-19
DOYLE, Denis P.: The Community and the Classroom, Topic 1987, Nr. 176
DuBOIS, P. H.: A History of Psychological Testing, Boston 1970
DUKAKIS, Michael: The Dukakisstrategy for Excellence in Education, in: Phi Delta Kappan 1988, Oct., 113-117
DUNKIN,Michael J./BIDDLE, Bruce J.: The Study of Teaching, New York: Holt, Rinehart & Winston, 1974, ch. 2

EDUCATION COMMISSION of the STATES: A Summary of Major Reports on Education, Denver/Colorado 1983
EDUCATIONAL POLICIES COMMISSION: The Unique Function of Education in American Democracy. Washington, D.C. 1937 (Nat. Education Association of United States)

FINN, Chester E. Jr./RAVITCH, Diane/FANCHER, Robert T. (Ed.): Against Mediocrity. The Humanities in America's High Schools. New York, London 1984
FRANCIS, Norman et al.: Our Nations Schools: Four major reports on policy and practice, Report to the AERA: 1984

GOODLAD, John I.: A Place Called School. Prospects For The Future. NY e. a. 1984
GOULD, Stephen Jay: Der falsch vermessene Mensch. Basel, Boston, Stuttgart 1983
GRANBARD, Allen: The Free School Movement, Havard Education Review, Vol. 42, Aug. 1972
GREER, Colin: The Great School Legend, New York, Basic Books 1972
GREER, Colin: The Great School Legend. A Revisionist Interpretation of American Public Education. New York, London 1972
GROSS, Beatrice/GROSS Ronald (Hg.): The Great School Debate. Which Way for American Education, New York/Simon & Schuster, Inc. 1985
GRÜNWALD, Harald: Die sozialen Ursprünge psychologischer Diagnostik. Darmstadt 1980
GUMBERT, Edgar B./ SPRING, Joel H.: The Superschool and the Superstate: American Education in the Twentieth Century 1918-1970, New York/John Wiley & Sons 1974

HAHN, Robert O./BIDNA, David B.: Secondary Education. Origins and Directions. N.Y. 1970
HERRIOTT, Robert E./GROSS, Neal (Ed.): The Dynamics of Planned Educational Change. Berkeley, Cal. 1979
HILLWAY, Tyrus (ed.): American Education. An Introduction through Readings. A Collection of Basic Documents and Literature on the American School System, Boston, Houghton Mifflin Company 1964
HOFSTADTER, Richard: Anti-Intellectualism in American Life, New York, Vintage Books 1966

INGENKAMP/Karl-Heinz/SCHREIBER, Walter H. (Hg.): Was wissen unsere Schüler? Überregionale Lernerfolgsmessung aus internationaler Sicht, Weinheim, Beltz 1989

JAMES, T./TYACK, David: Learning from Past Efforts to Reform the High School, Phi Delta Kappan 64, 1983, No. 5
JAMES, Thomas and LEVIN, Henry M. (Hrsg.): Comparing Public & Private Schools, Volume 1, New York e.a. 1988
JEFFERSON, Thomas: For the More General Diffusion of Knowledge (1979), in: HILLWAY (Ed.): a.a.O.
JENCKS, Christopher: Inequality. A Reassessment of the Effect of Family and Schooling in America, New York, Basic Books 1972 (deutsch: –: Chancengleichheit, Reinbek 1973)

KAPLAN, George: New Beginnings, New Limits: Education and the 1988 Presidential Election. In: Phi Delta Kappan 1988, Heft 10, 119-126

KING, Edmund J.: Other Schools and Ours: Comparative Studies for Today, 4th ed. London 1973
KING, Edmund J.: Diversity & Conformity, 1974
KNELLER, George F. (Ed.): Foundations of Education, New York, London, Sydney, Toronto, 1971
KNIGHT, Edgar W.: Readings in American Educational History, New York 1951, Reprint 1970
KNIGHT, Edgar W.: Education in the University. Boston, 1951
KRAUSHAAR, Otto F.: American Nonpublic Schools, Pattern of Diversity,Baltimore and London 1972

LANDSBERGER, Henry A./CARLSON, John R./CAMPBELL, Richard T. : Bildungspolitische Grundfragen in komparatistischer Sicht. Zeitschrift für internationale erziehungs- und sozialwissenschaftliche Forschung 5, 1988, H. 1
LaPOINTE, A. E.: Tests und Testen in den USA – Politische und soziale Aspekte; in: INGENKAMP, K. H./SCHREIBER (Hrg.): a.a.O.
LESCHINSKY, Achim/ROEDER, Peter M.: Schule im historischen Prozess. Zum Wechselverhältnis von institutioneller Erziehung, Max-Planck-Institut für Bildungsforschung (Hrsg.) Stuttgart, Klett 1976
LEWIN, Kurt: Sozialpsychologische Unterschiede zwischen den Vereinigten Staaten und Deutschland, 1936
LEVINE, Arthur : Handbook on Undergraduate Curriculum. S. Francisco, Jossey-Bass, 1978
LIGHTFOOT, Sara Lawrence: The Good High School. Portraits of Charakter and Culture. Basic Books, Inc., N.Y. 1983
LÖSCHE, Peter: Amerika in Perspektive. Politik und Gesellschaft der Vereinigten Staaten. Darmstadt 1989
LOOSE, Gerd: Berufsvorbereitung in der amerikanischen High School. Strukturen, Probleme, Entwicklungsansätze. Deutsches Institut für Internat. Päd. Forschung. Bd. 36. Köln, Wien 1987
LORTIE, Dan C.: Schoolteacher: A Sociological Study, Chicago, London, University of Chicago Press 1975
LYNN/HOLSON: In San Diego Managers forging „service“ a roll. In: Education Week, Vol. 8, Nr. 24. 8.3.89

M. McCARTHY, Martha/ Nelda H. CAMBRON: Public school Law – Teacher's and student's rights, 1983
MADAUS, George F.: The influence of testing on the curriculum. In L. N. TANNER (Ed.): Critical Issues in Curriculum. 87. Yearbook of the National Society for the Study of Education, University of Chicago Press, 1988
MANN, Mary Peabody: Life of HoraceMann, Washington D.C., 1937

MANN, Mary Peabody: Life and Works of Horace Mann (Boston, Horace B. Fuller, 1868)

MARSHALL, T. H.: Clan, Citizenship & Social Development, Doubledays & Co., Inc. N. Y. 1964

MATC-Factbook 1983/84, Milwaukee Area Technical College, Department of Research, Planning & Development, Milwaukee 1984

MICKELSON, Roslyn A.: Under Siège: The Crisis of the American Public School Teacher, in: Englisch-Amerikanische Studien. 1982, H. 1/2, 160-169

Milwaukee Public Schools Info 48, 1987

MOLNAR, Alex: Das Schulwesen in den Vereinigten Staaten von Amerika. Eine Einführung. FernUniversität Hagen 1985

MÜNCH, Joachim: Berufsbildung und Bildung in den USA, Berlin 1989

Murray Philosophy and Objectives 1987

Murray Independent School District, Faltblatt der Foundation for Excellence in Public Education, Murray, o.J.

NATIONAL EDUCATION ASSOCIATION: Response. Status of the American Public School Teacher 1985-86. NEA West Haven 1987

NATIONAL COMMISSION ON EXCELLENCE IN EDUCATION: A Report to the Nation and Secretary of Education. US-Government Printing Office, Washington D.C. 1983

NAIRN, Allen and associates: The Reign of ETS, The corporation that makes up minds. The Ralph Nader Report on the Educational Texting Service. 1980

NATIONAL GOVERNORS' ASSOCIATION: Time for Results. The Governors' 1991 Report on Education, NGA, Center for Policy Research and Analysis (Hrsg.) Washington, D.C. 1986

NEW YORK CITY BOARD of Education: 1989-90 Directory of the Public High Schools

NEW YORK CITY BOARD of Education: Comparative Analysis of the Organzation of High Schools, 1988-1989

PODESHI, Ron/HACKBARTH, David: The Cries for Excellence: Echoes from the Past, in: The Educational Forum, Vol. 50, No. 4, 1986

PRESSEISEN, Barbara Z.: Unlearned Lessons. Current and Past Reforms for School Improvement, Philadelphia, London, The Falmer Press 1985

RAVITCH, Diane: The Troubled Crusade: American Education 1945-1980, New York, Basic Books 1983

RAU, Einhard: Community Colleges: Verbindungen allgemeiner und beruflicher Bildung in Hochschulsystemen. In: Zeitschrift für Berufs- und Wirtschaftspädagogik, Bd. 80, 1984, H. 1
RIPPA, S. Alexander: Education in a Free Society. An American History, New York, u.a. Longman 1984
ROEDER, Peter Martin: Qualitative Schulentwicklung am Beispiel einer Berliner Gesamtschule: Zielkonflikt und unbeabsichtigte Nebenfolgen; in: Fallstudien zur Qualität von Schule, hrsg. von Ulrich STEFFENS und Tion BARGEL, Hess. Institut für Bildungsplanung und Schulentwicklung (HIBS), Wiesbaden/Konstanz 1987
ROSENTHAL, Robert/JACOBSON, Leonore: Pygmalion in the Classroom, N.Y. 1968

SCHNEIDER, Barbara L. : Schooling for poor and minority children: An equity perspective. In: William Lowe BOYD and James G. CIBULKA: Private Schools and Public Policy: International Perspectives, The Falmer Press, Falmer House, Barcombe et al. 1989
SCHNORBACH, Hermann: Lehrer im Internationalen Gewerkschaftsbund. Entstehung und Entwicklung des Internationalen Berufssekretariats der Lehrer von 1918-1945. Weinheim und München 1989
SCHREIBER, Walter H.: Methoden und Ergebnisse überregionaler Lernerfolgskontrollen in westlichen Industrieländern, in: ZfPäd 32 (1986), H. 1, 31-50
SEABROOK, Luther: Five Steps to Excellence. Superintendent's Report to Community District, New York 1986
SELAKOVICH, Daniel: Schooling in America. Social Foundations of Education, New York, London, Longman 1984
SHERMAN, Robert R./WEBB, Rodman B. (Ed.): Qualitative Research in Education: Focus and Methods. London, New York, Philadelphia 1988
SILBERMAN, Charles F.: Die Krise der Erziehung, Weinheim/Basel 1973
SIMMONS, Michael L., Jr.: The Law and the Courts, In: KNELLER, George F., 1971
SIZER, Theodore R.: Horace's Compromise. The Dilemma of the American High School. Houghton Mifflin Company, Boston 1984
SMITH, Page: A People's History of the United States, 8 vols. New York 1987
SPINDLER, George D.: Education in a Transforming American culture, in: . . .
SPRING, Joel H.: The Sorting Machine: National Educational Policy since 1945. NY. Mc Kay, 1976

SPRING, Joel H.: American Education: An Introduction to Social and Political Aspects, New York, u.a. Longman 1978
STEWART, Edward: American Culture and Patterns: A Cross-Cultural Perspective. Society for Intercultural Education, Training and Research, Washington D.C., 1972

THE JOHNSON FOUNDATION (Ed.): A Compilation of Brief Descriptions of Study Projects. Prepared for the Conference on Studies of The American High School held at Wingspread, Racine, Wisconsin, November 4-6, 1982
THE COMMITTEE OF TEN – Proposals for a Program for Secondary Schools, Report of the Committee of Ten on Secondary School Studies, Washington, D.D.: United States Bureau of Education, 1893, pp. 46-7
DE TOCQUEVILLE, Alexis: Über die Demokratie in Amerika. dtv-Bibliothek, München 1976
TRAVERS, Robert M./DILLON, Jaqueline: The Making of a Teacher, New York, Macmillan 1975
TYACK, David B.: The One Best System. A History of American Urban Education, Cambridge Mass., London UK 1974

UNITED STATES DEPARTMENT OD EDUCATION: Experiences in School Improvement, Washington, D.C. 1988
UNITED STATES DEPARTMENT OF EDUCATION, Public Affairs: Some Basic Information About the U.S. Department of Education, Washington, o. J.
U.S. DEPARTMENT OF HEALTH, EDUCATION, and WELFARE: Education in the United States of America, U.S. Government Printing Office, Washington 1964
USDAN, Michael D.:WALLER, Williard: The Sociology of Teaching, New York e.a., Wiley 1961

VAUGHAN, George B.: The Community College in America. A short History. Washington 3. Aufl. 1985,

WALLER, Williard: The Sociology of Teaching, N.Y. 1932
Weekly Compilation of Presidential Documents, April 10, 1089
WEIß, Manfred: Zum Konzept der Magnetschulen in den USA, in: Zeitschrift für internationale erziehungswissenschaftliche und sozialwissenschaftliche Forschung, Köln, 6 (1989) H. 1, 3-28
WILLERS, Georg: Das Bildungswesen der USA. Eine Gesamtdarstellung der Entwicklung bis zur Gegenwart. München 1965
WITTROCK, Merlin C. (Ed.): Handbook of Research on Teaching, 3. Aufl., N.Y., London 1985

Austauschprogramme für Schüler, Lehrer und Studenten

Wie lebhaft das Interesse von Jugendlichen diesseits und jenseits des Atlantik ist, das Leben, Lernen und Arbeiten im jeweils anderen Land kennen zu lernen, bestätigen derzeitig mindestens 18 verschiedene offizielle Partner- und Austauschprogramme für Schüler, Studenten und in begrenztem Umfang auch für Lehrlinge, die es zwischen der Bundesrepublik und den USA gibt. Sie alle hier vorzustellen, geht über den Rahmen dieses Buches hinaus. Denn zusätzlich zu den Programmen müßten auch Informationen über Visumspflicht, Kosten, Schulanrechnung etc. gegeben werden, damit man Aufwand und Ertrag solcher Programme wirklich einschätzen kann. Solche Informationen sind übersichtlich und aktuell zusammengefaßt in dem von Matthias Ohm herausgegebenen Buch:

Lernen, Studieren, Arbeiten in den USA und Kanada, Scriptor-Verlag, Frankfurt a. M., 3. Aufl. 1990.

Ich möchte hier nur kurz das Schüler-Austauschprogramm vorstellen, das von offizieller Seite in der Bundesrepublik und den USA durchgeführt und gefördert wird und an dem seit seiner Einrichtung durch das Goethe-House in New York 1972 bisher ca. 11.000 Schüler aus beiden Ländern teilgenommen haben: *Das German-American Partnership Program (GAPP).* Aus vielen dieser Austauschprogramme haben sich tragfähige Schulpartnerschaften entwickelt, von denen es heute über 600 gibt (vgl. GAPP-Handbuch 1985).

Das GAPP-Program wird vom Pädagogischen Austauschdienst (PAD), einer Dienststelle der Kultusministerkonferenz in Bonn angeboten. Der PAD übernimmt auch eine gründliche Vorbereitung der Begleitlehrer und einen Teil der Reisekosten. Der Austausch von Schülern dauert 4 Wochen, von denen 3 Wochen am Schulort verbracht werden. 2 Wochen sind für den Unterrichtsbesuch reserviert, 1 Woche steht für Ausflüge und Besichtigungen (field trips) zur Verfügung. Während der Besuchszeit sind die deutschen Schüler Gäste von amerikanischen Familien. Beim zum Programm gehörenden Gegenbesuch amerikanischer

Schüler und Lehrer werden diese in deutschen Familien untergebracht und besuchen deutsche Schulen.

Der deutsch-amerikanische *Lehreraustausch* findet in Zusammenarbeit zwischen dem PAD, den Schulbehörden und dem Deutschen Akademischen Austauschdienst (DAAD) statt. Er wendet sich vor allem an Englisch-Lehrer (in der Bundesrepublik) und an Deutsch-Lehrer (in den USA), die im jeweils anderen Land als Native-Teacher eingesetzt werden. In den USA haben auch deutsche Lehrer mit soliden Kenntnissen in Französisch oder Spanisch gute Chancen. Die Auswahl von Bewerbern erfolgt in deutsch-amerikanischer Zusammenarbeit und umfaßte in den letzten Jahren jeweils 25 Austauschpaare. Der PAD legt dabei Wert auf eine Berücksichtigung aller Schulformen. Die deutschen Lehrer werden in den USA meist in Highschools und Colleges (z. T. den Anforderungen der Oberstufe vergleichbar) eingesetzt.

Für den deutsch-amerikanischen *Studentenaustausch* gibt es keine zentrale Organisation. Wichtigste Auskunftadresse ist in der Bundesrepublik der

Deutsche Akademische Austauschdienst e.V.,
Kennedyallee 50, 5300 Bonn 2,
Tel. 0228/659746/7,

über den alle aktuellen Informationen zu erhalten sind. An den einzelnen Hochschulen, die in vielen Fällen direkte Austauschprogramme mit amerikanischen Universitäten haben, geben die akademischen Auslandsämter interessierten Studenten alle erforderlichen Auskünfte. Ein deutscher Student, der einen Aufenthalt an einer amerikanischen Hochschule plant, sollte sich auf folgende Hauptprobleme vorbereiten:

- *Visum:* Nach wie vor benötigen Studenten für einen Studienaufenthalt ein Visum, das in Verbindung mit der Zulassung erteilt wird.
- *Zulassung:* Hierüber entscheiden die einzelnen amerikanischen Universitäten aufgrund der Eingangsvoraussetzungen (oft mit Hilfe von Tests) selbst.
- *Studienfinanzierung:* Die Studiengebühren liegen je nach Universität zwischen 2000 – 6000 $ pro Semester.

- *Aufenthaltsfinanzierung:* Die amerikanischen Einwanderungsbehörden verlangen für die Aufenthaltserlaubnis den Nachweis der Finanzierung der Lebenskosten.
- *Studienanerkennung:* Über die Anerkennung von Studienleistungen im jeweils anderen Land gibt es bilaterale Vereinbarungen, die vor Beginn des Besuches bekannt sein sollten.

Auch wenn nicht alle Fragen und Risiken eines Schul- oder Studienbesuches im Ausland vorher restlos geklärt werden können, ist der persönliche Ertrag einer solchen (Austausch-)Reise in dem meisten Fällen so überzeugend, daß er gewisse Risiken leicht aufwiegt.